多角的にみた家族——社会・文化・福祉

与那覇恵子・林文 編

目次

まえがき

現在、「家族」はその相貌を大きく変化させている。家族が人間にとってどこまで普遍的なものであるか否かは文化人類学や社会学でも様々に議論されているが、その結論はまだ出ていない。また日本語における「家」という漢字はもともと中国から輸入された外来語であり、家族はファミリーを、家庭はホームを明治時代に翻訳した翻訳語である。イエ・ウチ・スジといった大和言葉も「家族」を的確に表してはいないけれど、おそらく私たち一人ひとりの意識の中に家族イメージは確かに存在する。

血縁家族、非血縁家族、祖霊家族、崩壊家族、抱擁家族、核家族、ホテル家族、食縁家族、一人家族、ポスト・ファミリーと、家族の内実を示そうとする言葉は様々に提示されてきた。戦後日本における家族イメージで最も多いのは非血縁の夫婦と血縁の子どもからなる核家族であろう。そこに家父長制の近代家族の解体を通して土地や血縁から切り離された、夫婦の愛情とその父母の愛に育まれて育つ子どもというミニマル化された家族像の様子をみることができる。しかし一九八〇年代後半になると山田昌弘が『近代家族のゆくえ』で指摘するように、家庭は家族を結びつける愛と憩いの象徴の場であるばかりでなく「愛情をめぐってのあおりや闘争」を生み出す修羅の場ともなる。

両親による幼児虐待や家族内での高齢者虐待、働き世代である父親の自殺の増加など、家族はこれまで顕在化しなかった多様な問題を抱えこむようになった。家族関係は変容し、従来の家族イメージもゆらいでいる。そのような状況を見据え、あらたな家族の行方を問おうというのが本書の目指すところである。

本書の内容は大きく二つに分かれる。前半はデータをもとに家族の現在を明らかにする。後半は個別の国や地域の家族実態を紹介しつつ多様な家族関係の可能性を指し示す。

林文氏の「家族に関する価値観―日本を中心に調査データから―」では、まずこの本でとりあげる「家族」について、その実態を、人口統計などから概観する。日本では、近年、家族の崩壊といわれる様々な社会問題がおきているが、むしろ人々は家族を非常に大切なものとして捉えていること、世界でも同様であることが示されている。社会システムの違い、文化の違いによって、家族に対する見方が少しずつ違うことも、様々な意識調査データをもとに述べられている。

川崎末美氏の「日本の中年期の男性の自殺原因を探る―職場と家族のありように注目して―」では、一九九八年に急増して以来減少の気配のない日本の中年男性の自殺について、その原因の探求を試みている。これは、日本の中年男性の自殺率が失業率と連動しているという他の先進諸国にはみられない特徴をもつことに注目し、そのような現象を生む社会のありようこそが日本の中年男性の自殺の本当の原因ではないかとみて考察したものである。その結果、「一所懸命」を要求する日本の職場風土や疎遠な家族関係が中年男性の主要な自殺原因であるが、未婚の中年男性の増加もまた自殺率の上昇に寄与していることを明らかにする。

湯沢雍彦氏の「明治の離婚問題―欧米との比較―」では、明治期に当時の諸外国の離婚率に比べても、現在の日本の離婚率に比べても、圧倒的に高い離婚率を示していた日本の離婚の原因を探る。新聞・雑誌の論評を分析し、婿や嫁を「労働力」としてしか見なさない農村・漁村部の「結婚」観からその理由を明らかにする。

高野陽氏の「子どもの健康と家族」では、まず「小児」「児童」とも呼ばれる「子ども」を、医学や保健学の分野ではどのように定義しているのか、さらに子どもにとっての「健康」とはどのようなことかの説明がなされる。その上で子どもが健康であるという状態を維持するのに欠かせない「家族」の意義が説かれる。さらに、子どもの病気が家族に与える影響や子ども虐待の問題点にも言及する。

野口晴子氏の「医療経済学から見る子どもの「健康」とは―日本の母子健康政策の主軸である「健やか親子21」に対する理論的・実践的検証―」では、「健康」であることを最終目標にしてきた従来の「健康教育」に対して、まず現在求められているのは「健康」を「より良い生活のための資源の一つ」と考え、「生活の質の向上」を最終目標とするヘルスプロモーションだと述べる。このヘルスプロモーションを基本理念として医療や保健の面ばかりでなく政治的・経済的・社会的環境も含めた「子どもの健康」を考えていこうとする「健やか親子21」の施策を、医療経済学の視点から検証する。施策をめぐる行政と住民の今後負担すべき課題についても検討されている。

湯沢雍彦氏の「デンマークの家族の特色」では、ジェンダー役割に支配されない男女関係の構築による「家族生活」の実態が具体例を紹介しながら述べられている。

三橋利光氏の「ラテンアメリカの家族」では、伝統的家族の特徴を「家父長主義」「カトリック信仰と代父母制度とネポティスモ」「マチスモとマリアニスモ」の観点から概括した上で、近年のグローバル化による家族の変容の問題を分析する。

与那覇恵子「文学を通してみる沖縄の家族」では、祖霊や離婚した嫁をも家族の一員とみなして強い絆を保ってきた沖縄の伝統的家族の崩壊を大城立裕、長堂英吉、白石弥生の小説を通して読み解く。伝統的家族が「嫁」という女性を抑圧して成り立ってきたことを明らかにする。

メディアは希薄化する家族関係を報道するが、林氏の論では「あなたにとって一番大切なことは何か」という問いに「家族」を挙げる人が増えている、とも報告されている。危機感ゆえに「家族」を挙げるのか。本書が見えない家族の行方を再考する一助になればと思う。

本書に収めた論考は、二〇〇六年度の東洋英和女学院大学生涯学習センター企画による横浜市民大学講座「世界の家族・日本の家族」での発表がもとになっている。刊行にあたっては「二〇〇七年度東洋英和女学院大学出版助成金」を受けた。関係各位に深くお礼を申し上げます。

二〇〇八年三月

与那覇恵子

家族に関する価値観——日本を中心に調査データから——

林　文

第二次世界大戦後、今日に至るまでの間に、家族というものに対する価値観が変化し、家族の崩壊ということが問題とされている。これは日本だけでなく、程度の差こそあれ、世界的な傾向と思われる。日本においては明治時代に確立された家制度が変わったこともあり大きく変化したが、また戦後は社会状況の変化に伴い、人々の考え方も多いに変化してきた。ここでは、人々の家族に対する考え方を中心に基本的データと合わせて考えてみることとする。

1　一番大切なものは「家族」

家族が人間にとって自分以外の人間とのつながりの基本であることは、当然と考えられるが、成長とともにつながりの意味が次第に変化していく。また、これまでの価値観で当然と考えたことも、価値観の多様化として、当然とは言えない時代でもある。しかし、家族は多くの人にとって重要なことであり、むしろこの五十年の間に家族を大切と思う人が増えている。それを示すのが、統計数理研究所で一九五三年から五年ごとに行ってきた日本人の国民性調査(1)である。「あなたにとって一番大切なものは何ですか」という質問に対して自由に回答されたものが集計されている。面接調査なので調査員が聞き取って記入した内容を分類してある。一九五八年から二〇〇三年の回答の変化を図1に示した。

第一次（一九五三年）調査では「あなたの家で一番大切なもの」を尋ねているので単純に比較できないが、「家族」は一九％で最も多い。しかし、一九五八年からの「あなたにとって」を尋ねるようになってから、一九七〇年代までは、「生命・健康・

自分」や「愛情・精神」に分類される回答が「家族」を上回っていた。その後、年々「家族」が増加して、二〇〇三年にはこれまでで最大の四五％にもなっている。「家族」には「家庭」など家族に類する言葉をまとめており、また、「子供」は別分類とされている。この変化を単純にみると、五〇年前には「家族」を大切にしていなかったということになるが、そうであろうか。家族が大切なのは当たり前であり、「家族」と直接に述べないが家族に関わる「愛情・精神」「金・財産」「家・先祖」を大切なものと回答していた時代か

図1　あなたにとって一番大切なもの（自由回答まとめ）

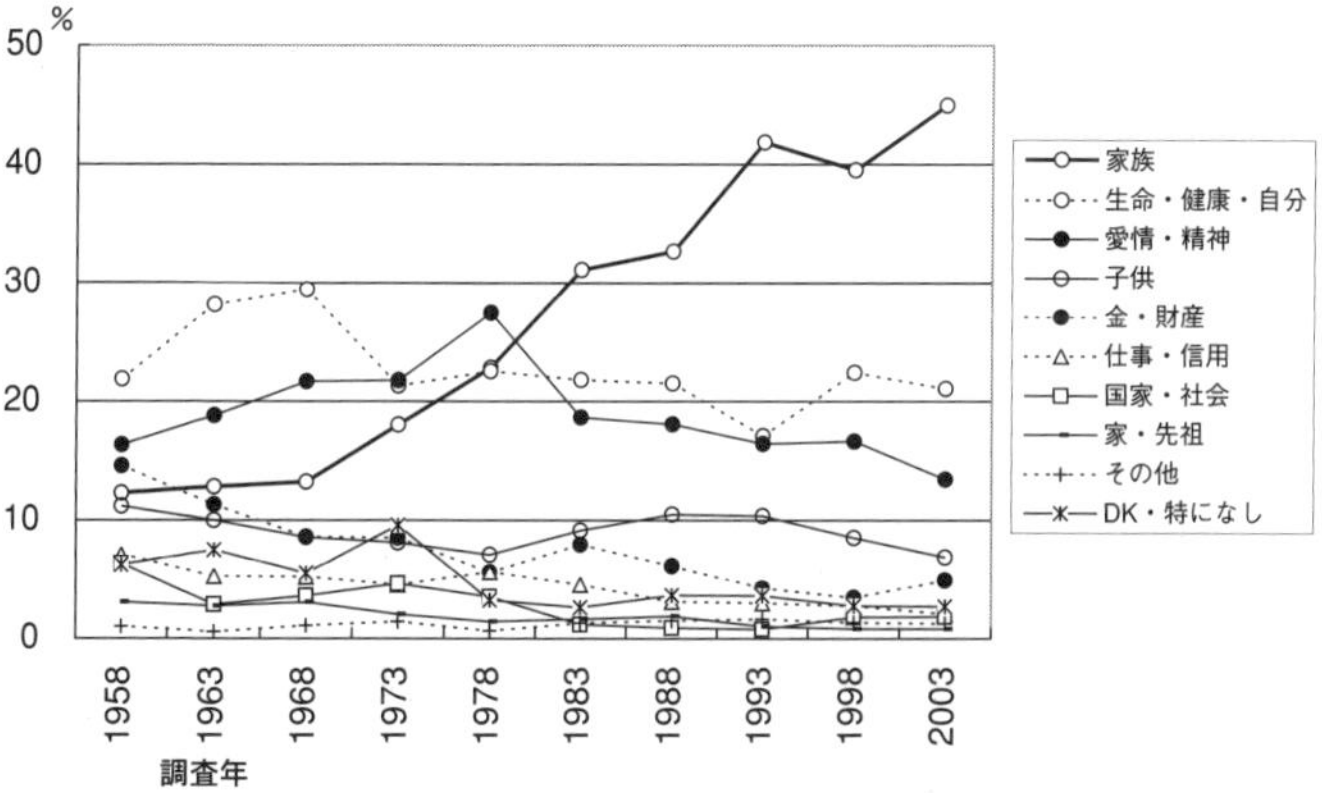

出典：「国民性の研究　第11次全国調査ー2003年全国調査ー」統計数理研究所研究リポート92，2004.
注：全国無作為標本2000人以上に対する面接調査、回収率は低下の一途をたどり、2003年調査では57%である。

ら、直接に「家族」が大切と意識するようになったとも考えられる。また、さまざまな家族にまつわる問題が指摘される時代だからこそ、「家族が一番大切」であり「家族を一番大切にすべきだ」という考え方が増えているのかもしれない。

この二〇〇三年の回答を年齢層別にみると、七〇歳以上を除いて、「家族」に分類される回答が他の回答よりも多い。一九七三年までは年齢による違いは少なかったが、二〇〇三年には、二〇歳代、四〇歳代、五〇歳代でも増加して、二〇歳代は四五％、三〇歳代を中心に増加してきた。一九九八年には三〇歳代で特に多かったが、二〇〇三年には、二〇歳代、四〇歳代、五〇歳代でも増加して、二〇歳代は四五％、三〇歳代五五％、四〇歳代五三％、五〇歳代四九％、六〇歳代四〇％、全体的に「家族」を一番大切なものという人が多くなっている。また、一九五八年に二〇歳代だった年齢層の人は一九九八年には六〇歳代になっているが、四〇歳代、五〇歳代、六〇歳代と加齢とともに「家族」を挙げるように変わってきてもいる。時代の影響による変化とともに、自分のライフコースの段階に従って「家族」の大切さが変化しているのである。

日本における一番大切なものを挙げたが、海外ではどうだろうか。少し古いが、上記と同様の質問が一九九〇年前後に行われた七カ国国際比較調査（統計数理研究所国民性国際調査委員会）で調査されている(2)。上記の「日本人の国民性調査」とは自

表１　「あなたにとって一番大切と思うもの」
（国名の下の（数字）は回答者数、表中数字は%）

	イタリア（1048）	フランス（1013）	西ドイツ（1000）	オランダ（1083）	イギリス（1043）	アメリカ（1563）	日本（2256）
１位	健康 47.2	健康 37.5	健康 44.5	健康 50.0	健康 26.7	家族・家庭 23.6	健康 21.1
２位	家庭・家族 17.7	家庭・家族 13.2	家庭・家族 15.5	幸福 14.6	家庭・家族 24.4	健康 22.0	家庭・家族 19.7
３位	愛 7.0	幸福 8.8	満足感 10.3	家庭・家族 8.4	幸福 14.9	幸福 6.8	お金 8.3

出典：「国民性七か国比較」統計数理研究所国民性国際調査委員会，1998．P.238．

由回答の分類の仕方が異なり、日本の結果も異なっているが、七カ国のそれぞれ三位までを表１に示す。いずれも三位までに「家族・家庭」が入っている(注１)。アメリカとイギリスと日本では「家族・家庭」が「健康」と拮抗しているのに対して、ヨーロッパ四か国では「健康」に集中しているのは興味深い。

また、国民性七か国比較調査では、「家族」を含む七つの生活領域について、それぞれの重要度を尋ねている。七領域として用意したのは「家族」「仕事」「自由な時間とくつろぎ」「友人・知人」「両親、兄弟姉妹、親戚」「政治」「宗教」で、重要度は１（重要でない）～７（重要）の七段階である。重要度６か７が選択された比率をみていくと、どの国でも「家族」と「両親、兄弟姉妹、親戚」が高率である。「友人・知人」も次いで高率であるが、それと同様あるいは次いで「仕事」の重要度が高いのが日本とフランスであり、「宗教」の重要度が高いのがアメリカである。こうした国による違いがみられる。日本とフランスは「仕事」と「家族」の重要度の相関があるという点でも、その他五か国と異なっている。「仕事」を重要と考えることと「家族」を重要と考えることとの関連は、日本においては、家族のためにと長時間労働し、その結果、父親不在の家庭となってしまった問題の背景を示しているといえるだろう。

2 家族の規模と構成

それぞれの個人にとって大切なものである家族とはどの範囲をさすのかというと、日本では国勢調査では世帯がつぎのように定義されている。一九八五年以降は一般世帯と施設等の世帯の二分類に統合され、それ以前には分けられていた普通世帯と下宿の単身世帯等の準世帯が、一般世帯として統合された。二〇〇五年の一般世帯の割合は九五・五％である。一九八五年以前についてはこの定義を組み替えて一般世帯を構成し、世帯規模が集計されている。資料(3)(5)から一九二〇年から二〇〇五年の一般世帯人数分布の変化を示したのが、図2である。

第二次世界大戦をはさんで一九六〇年まで大きな変化がなかったが、その後六人以上の世帯が一挙に減り、一九七五年には四人世帯に集約される形となる一方、三人以下の世帯が急増した。一九七五年以降、三人世帯の比率は変わらず、一人世帯と二人世帯が増加し、四人以上世帯が減少した。一九九〇年までの一五年間の一人世帯の増加が大きいが、国勢調査の世帯の定義が一九八五年から変わり、下宿などの一人世帯が集計に含まれるようになった影響もある。一九八五年の両定義比較(3)によれ

図2　日本における一般世帯の世帯人数分布の変化

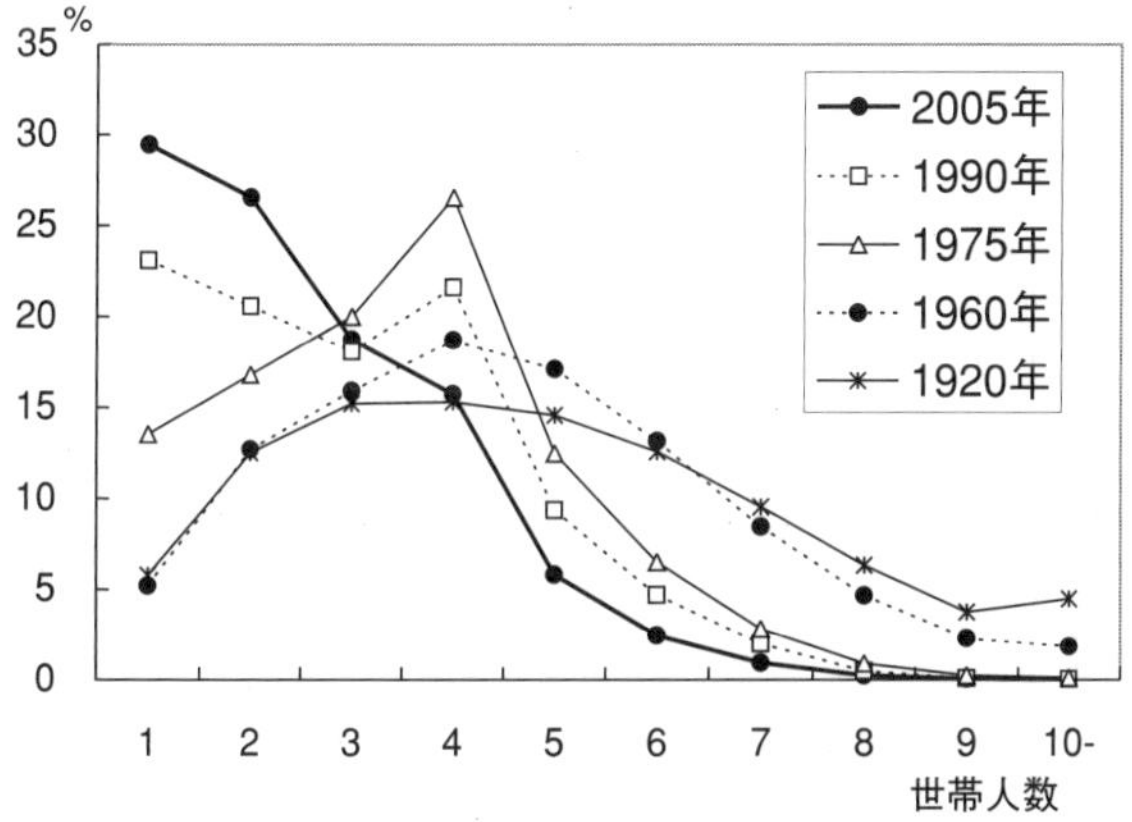

出典：「日本統計年鑑」(Web版)，世帯の種類，世帯人員別世帯数及び世帯人員（昭和50年～平成17年)。
「日本の長期統計系列」，都道府県世帯人員別一般世帯数（大正9年～平成12年）
注：1985年以降は一般世帯、それ以前は普通世帯が集計されている。
一般世帯は普通世帯より多くの１人世帯が含まれることに注意。

ば、一人世帯の二割強の増加がこれにあたる。それを考慮しても、一人世帯の増加は確かで、二〇〇〇年には右下がり一方の分布型になった。平均世帯人数でみると、一九二〇年は四・八九人、一九六〇年四・五四人、一九七五年三・二八人、一九九〇年二・九九人、二〇〇五年二・五五人と変化している。

海外諸国の状況はどうであろうか。各国の資料年がまちまちであるが参考として挙げてみたい(5)。日本の平均世帯人数は、一九八五年から二〇〇五年の間に〇・六人も減少しており、各国でも二〇年間に変化していることが十分考えられるが、一九九〇年付近から二〇〇〇年の資料が得られている国の中から主なものを挙げる。世帯人数が少ない国はスウェーデン二・一人、デンマークとドイツ（旧西独地域）二・三人、スイス二・四人などである。アメリカ、カナダ、イギリス、フランスは二・六人から二・七人で、ヨーロッパでも南欧のポルトガルは三・一人と多めである。アジア・アフリカ諸国では、韓国三・七人、中国四・〇人、インド五・五人、トルコ五・〇人、エジプト四・九人などとなっている。

資料年の違いとともに、各国で、世帯の定義、世帯人数の定義が同一ではないが、およその比較は可能である。単純にみると、欧米のいわば先進国の平均が二・六から二・七程度であり、北欧はさらに少なく、アジア・アフリカまた中南米諸国は世帯人数が多いといえよう。世帯人数は単身世帯の増加が大きな影響を与えていることは、日本における一九六五年から二〇〇五年の世帯人数分布の変化（図2）から推察される。アジア・アフリカ・中南米でも欧米型の世帯に移っていくのであろうか。

表2に日本の一九八五年と二〇〇五年の家族構成の類型を示した(6)。この二〇年の人口増加一・一六倍に対して、世帯数では三七九八万世帯から四九〇〇万世帯へと一・二九倍にも増加しているのは、単独世帯の顕著な増加、二人世帯の増加によって、世帯人数が減少しているためである。各類型の割合でみると、単独世帯は一〇％増加し、親族世帯が減少しており、その中でも核家族世帯の割合が高くなっている。また、その核家族世帯のうち夫婦のみの世帯が増加している。しかし、全世帯数中の核家族世帯の割合はこの二〇年間に六〇％から五八％とわずかな変化であり、大正時代からほぼ一定して六割程度であるという湯沢(7)の指摘のとおりである。

また、一八歳未満の親族のいる世帯の割合は、四五％から二五％に減少しており、少子化の状況を示すものといえる。また、六五歳以上の親族のいる世帯は二四％から三五％に増加し、六五歳以上のいる世帯のうち、単独世帯が一三％から二三％に、夫婦のみの世帯が一八％から二八％に増加した。つまり、六五歳以上で単独世帯あるいはどちらかが六五歳以上で夫婦のみの世帯は、全世帯数のうちの七・五％から一七・六％に増加している。また、単独世帯の二六・七％が六五歳以上である。核家族という世帯構成は、大正時代から今日まで、社会全体の中で安定した比率で存在しているが、核家族の中では夫婦だけの世帯の割合が増え、その中でも、六五歳以上のいる夫婦世帯の割合が増えている。六五歳以上の夫婦がさらに歳をとれば、単独世帯に移行することが予想される。

この世帯の状況は、そのまま家庭に置き換えることはできなくても、人間生活の基盤ともいうべき家庭の状況をほぼ表しており、二〇年間の少子高齢社会への変化が社会システムに及ぼす影響は大きい。

図3に二〇〇五年の日本における家族類型別の人数の割合を示した。世帯数でみると単独世帯の多さが目につくが、人数で示せば、一般世帯で誰かと世帯（非親族世帯は〇・〇五％）をともにしている人は八六・八％であり、単独世帯は一一・四％、施設等の世帯（世帯割合〇・二％）の人数は一・八％である。

表2　家族類型別一般世帯数

	1985年	2005年	1985年	2005年
総　人　口　（単位：1000人）	121,008	127,285		
	世帯数（単位：1000世帯）		類型構成比	
一般世帯数総計	37,980	49,063	100.0%	100.0%
親族世帯　計	30,013	34,337	79.0	70.0
核家族世帯	22,804	28,395	60.0	57.9
夫婦のみ	5,212	9,637	13.7	19.6
夫婦と子供	15,189	14,646	40.0	29.9
男親と子供	356	621	0.9	1.3
女親と子供	2,047	3,491	5.4	7.1
その他の親族世帯	7,210	5,944	19.0	12.1
夫婦と両親	205	247	0.5	0.5
夫婦とひとり親	478	738	1.3	1.5
夫婦,子供と両親	1,888	1,180	5.0	2.4
夫婦,子供とひとり親	2,618	1,824	6.9	3.7
その他	2,021	1,955	5.3	4.0
非親族世帯	73	268	0.2	0.5
単独世帯	7,895	14,457	20.8	29.5
施設等の世帯	122	100		
18歳未満の親族のいる世帯	17,244	12,403	45.4%	25.3%
65歳以上の親族のいる世帯	9,284	17,204	24.4%	35.1%
夫婦のみ＋単独世帯	2,832	8,644	7.5%	17.6%

出典：日本統計年鑑（Web版），2-18　家族類型別一般世帯数（昭和60年～平成17年）

図3　世帯の家族類型の人数割合（2005年日本）

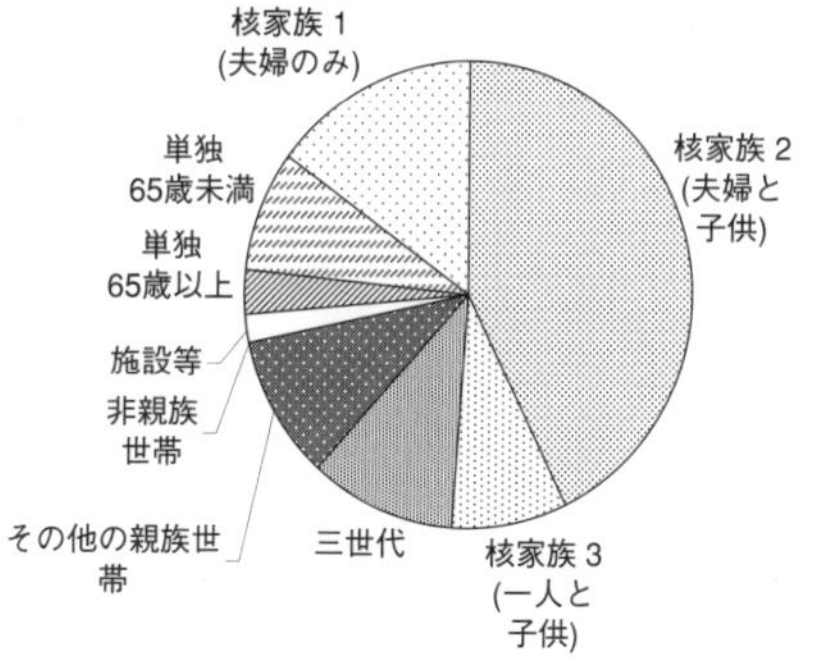

出典：日本統計年鑑(web)　一般世帯の家族類型世帯数，
世帯の種類，世帯人員別世帯数、世帯人員　から概算

3　子どもの数の実態と望ましい数

世帯規模の減少は、単独世帯の増加と一般世帯における子供の減少である。家庭における子供の数は、親の年齢を考慮する必要があり、単純には求められない。出産年齢層すべての女性に対する出生率としての（期間）合計特殊出生率（注2）は、女子人口の年齢構成の違いを除いた「その年の出生率」であり、年次比較、国際比較、地域比較に用いられている。これに対して、実際の夫婦の出生児数としては、結婚維持期間一五年から一九年の夫婦の平均出生児数である完結出生児数が用いられる。各年の（期間）合計特殊出生率と完結出生児数の変化を図4に示す(8)(9)。合計特殊出生率は一九五〇年代から急激に低下して一九五七年から落ち着いていたが、一九七二年以降ほぼ一貫して低下している。一方、完結出生児数は一九七〇年以降二〇〇二年まで二・二程度でほとんど変化がない（注3）。結婚一五年以上夫婦の安定した家庭では平均子供数二人強という時代にあるといえる。

合計特殊出生率などの現実の状況に対して、人々が子どもは何人が理想的と考えているのかを見たい。国立社会保障・人口問題研究所の出生動向調査(9)では夫婦を対象として理想子ども数と予定子供数を尋ねている。二〇〇五年第一三回の理想子供数平均値は二・四八人、予定子供数平均値は二・一一人となっている。理想子供数は一九七七年調査の二・六一人から少し減少しているが、予定子供数はほとんど変化していない。予定子ども数は、完結出生児数とほぼ似た値を示している。

　諸外国と比較するため、これも少し古いが、前述一九九〇年前後の七か国調査、二〇〇四年から二〇〇六年の環太平洋価値観国際比較調査(10)の「一

図4　子供の数の時代変化（日本）

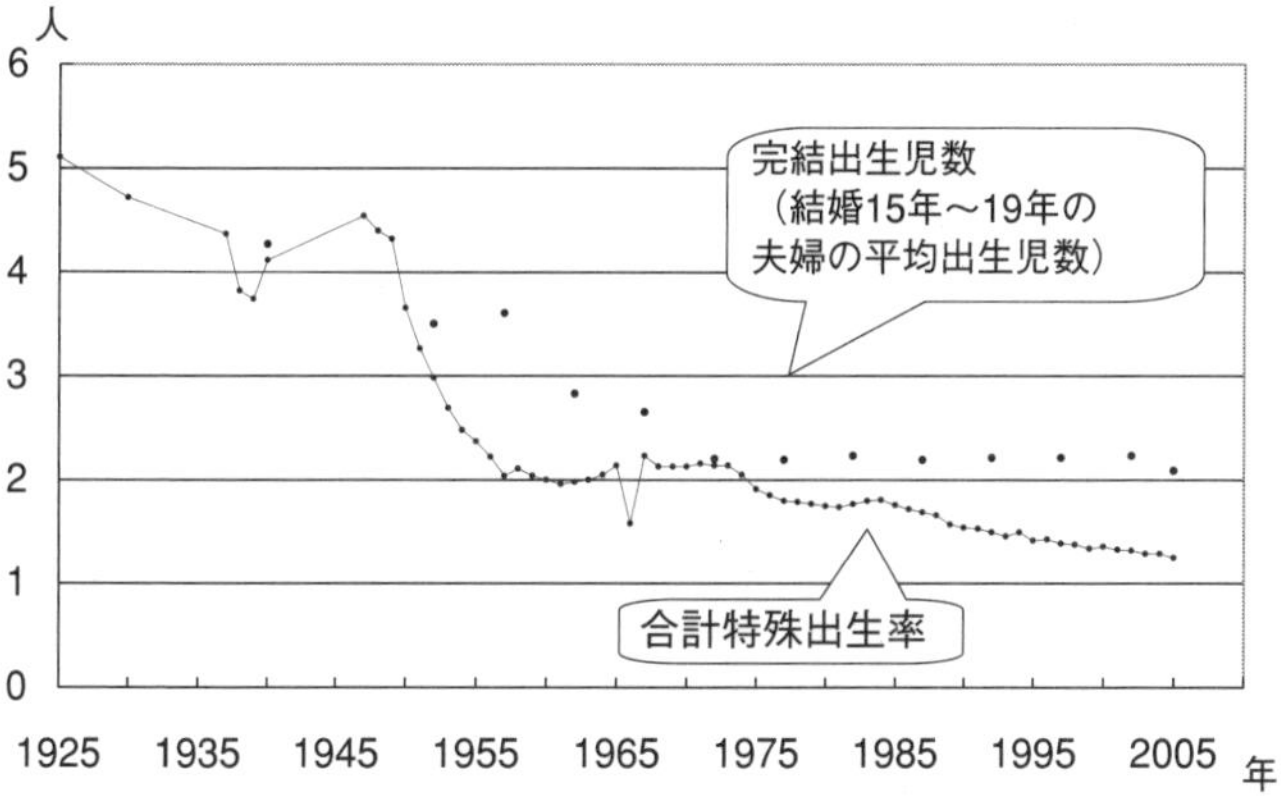

出典　厚生労働省：平成17年　人口動態統計（確定数）の概況（web）
国立社会保障・人口問題研究所：第13回出生動向基本調査（web）
国立社会保障・人口問題研究所：「人口の動向」

表3a　「一般の家庭にとって望ましい子供の数」(%)

	2004年から2006年 環太平洋価値観国際比較調査					1987年から1992年 国民性七か国国際調査					
	日本	北京	台湾	韓国	アメリカ	日本	アメリカ	イギリス	西ドイツ	フランス	イタリア
0人	0.1	3.6	3.0	0.1	0.0	0.0	0.8	1.3	4.2	0.0	0.2
1人	1.4	22.1	8.1	3.9	3.2	0.9	2.1	1.5	13.3	2.8	5.2
2人	43.8	68.0	63.7	48.8	49.2	35.6	49.6	60.8	60.4	45.7	55.6
3人	48.1	4.7	17.6	36.9	27.0	55.4	24.3	18.6	15.2	42.6	28.7
4人	3.2	0.7	3.6	6.7	14.8	3.6	13.2	9.6	2.2	5.2	3.9
5人	0.5	0.2	0.3	2.5	1.4	1.0	2.1	1.1	0.2	0.9	0.8
6人以上	0.1	0.2	0.7	0.5	2.1	0.1	2.3	0.9	0.1	0.2	0.3
平均	2.56	1.78	2.15	2.56	2.68	2.67	2.66	2.43	1.99	2.55	2.36

表3b　「一般の家庭にとって望ましい子供の数」(2004年日本)(%)

	20歳代	30歳代	40歳代	50歳代	60歳代	70歳以上
0人	0.0	0.0	0.0	0.4	0.0	0.0
1人	4.5	2.2	1.1	0.8	0.8	0.6
2人	63.1	55.6	52.2	41.5	32.4	29.7
3人	27.0	35.0	41.8	52.0	60.2	59.4
4人	0.9	2.2	1.1	2.8	5.0	5.7
5人	0.9	0.6	0.0	0.4	0.4	1.1
6人以上	0.0	0.0	0.0	0.0	0.0	0.6
平均	2.3	2.4	2.4	2.6	2.7	2.8

出典：「国民性七か国比較」統計数理研究所国民性国際比較調査委員会，出光書店，1998.
「環太平洋価値観国際比較調査ー2004年度日本調査」，吉野諒三編集，統計数理研究所，2005.
「環太平洋価値観国際比較調査ー2005年度中国[北京・上海・香港]調査報告書」同上，2007.
「環太平洋価値観国際比較調査ー2006年度韓国調査報告書」同，2007.
「環太平洋価値観国際比較調査ー2006年ＵＡＳ調査報告書」同，2007.

般の家庭にとって望ましい子どもの数」を取り上げ、子どもの数の分布を表3に示す。これらの調査では全ての成人が対象であるが、日本の平均値は同時期の出生動向調査とほぼ同じ値となっている。日本は二〇〇四年調査でも三人という人が最も多いのに対して、欧米やアジアの例では二人が最も多い。アメリカは二人が最も多いが、四人以上とする人も多く、平均値は高い。一人っ子政策の中国北京は、望ましい子供三人以上を挙げる人は六％しかない。

また、日本の二〇〇四年調査から年齢別の違いをみると、五〇歳以上は二人より三人が多いが、それ以下の年齢では二人の方が多く、特に二〇歳代は顕著である。この傾向はそのまま上の世代に移動していき、全体として二人とする人が多くなることが予想される。性別では、どの年齢層でも、女性の方が平均して〇・一人ほど望ましい子供数を多めにあげるが、大きな違いはない。

4　意識としての家庭の意味

このように日本では世帯構成の大きな変化の時代に、一九九〇年前後のデータを示すことは意味があるのかという疑問もあるが、前述の「国民性七カ国比較」の調査データから考えてみたい。

「家庭はくつろげる唯一の場所である」に対する同意・不同意を問う質問（注4）では、上記七か国のうち、日本が最も同意する率が高く、次いで、イタリア、フランスであり、オランダは最も低い。レベルは違っても、年齢の高い層ほど同意する率が高いことは、各国同様である（図5）。家庭は、家族が共に生活する場所あるいは共同生活

図5　「家庭はくつろげる唯一の場所か」に同意（%）

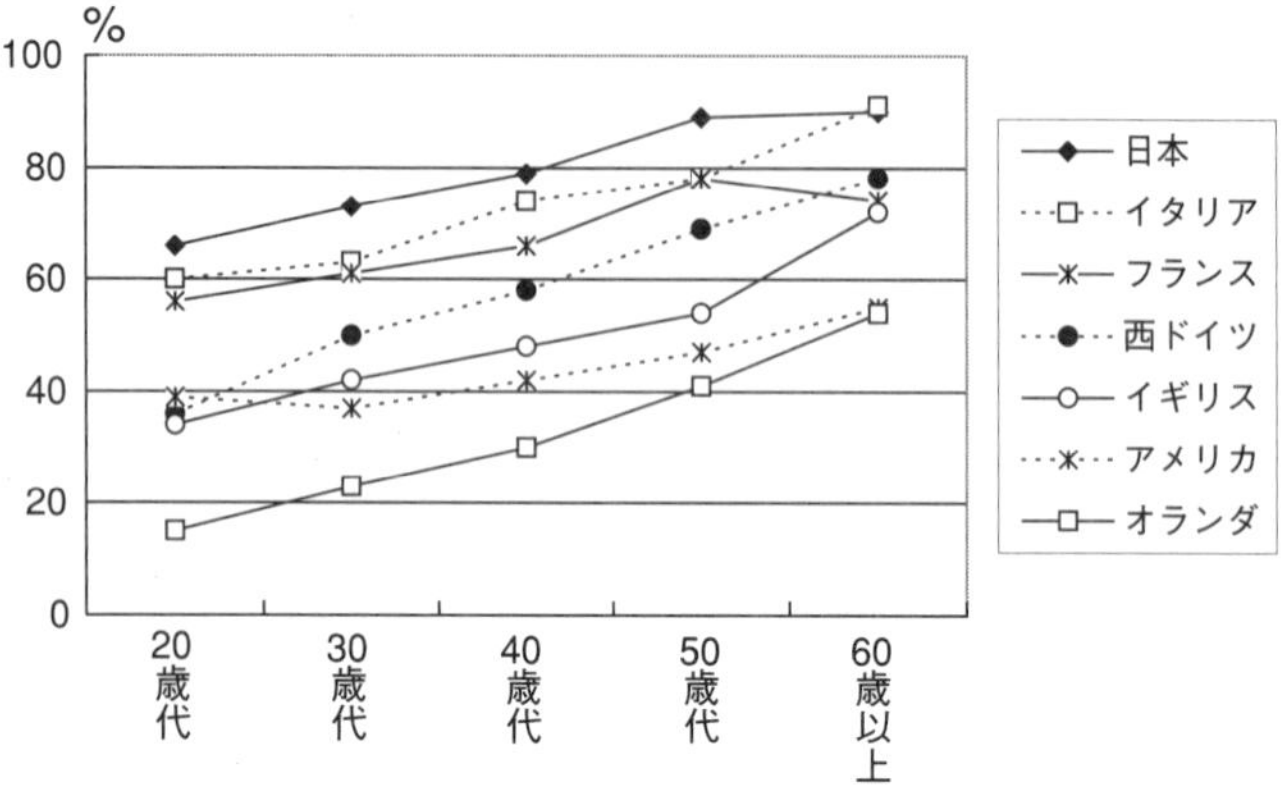

出典：「国民性七か国比較」

そのものをさし、家族ではあっても共同生活がなされているとは限らないが、一般的には、家庭は家族の基盤として考えることに無理はないであろう。しかし、この質問の意味は少し検討を要するかもしれない。前述のとおり、七カ国の中でアメリカは最も「家族・家庭」を大切で重要なものとすることが示されたにも関わらず、家庭はくつろげる唯一の場所とする率は高くはない。同じ調査からその理由を述べることはできていないが、家庭が大切だからこそ守らねばならない緊張がある、家庭以外にくつろげる場所がある、などと考えられよう。一方、日本では、家庭こそが空気のように自分を守る場であり、いわゆる「うち」の役割が強い傾向を示していると考えられる。また、日本では未婚率が約八割の二〇歳代でも、家庭が唯一のくつろげる場所とする率が六〇％を超えているのは注目される。

家庭満足との関係があるか同じ調査からみよう。七カ国それぞれ、家庭はくつろげる唯一の場所と思う人の方が家庭満足感が高い傾向であることは示されている。しかし、家庭はくつろげる唯一の場所という人の少ないオランダとイギリスの家庭満足感が高い。フランスでは「家庭はくつろげる唯一の場所」の賛否で家庭満足度の違いが最も大きく、家庭がくつろげる場所だから満足という関係を日本以上に示している。家庭についての社会文化の違いを示すものであろう。

日本における家族は古い「家」制度の影響が残っていることがよく指摘される。日本人の国民性調査から「子供がいないときは、たとえ血のつながりがない他人の子供でも、養子にもらって、家をつがせた方がよいと思いますか、それとも、つがせる必要はないと思いますか。」の質問に対する「つがせた方がよい」の回答は、一九五三年から二〇〇三年の間に七四％から一八％に激減している。第二次世界大戦後の意識の変化の最も大きなことの一つである。一九九〇年前後の七か国比較調査でも同様の調査があり、それによると、日本は一九％、オランダが一四％というのが最も少ない。

「養子につがせる」回答が多い国は、フランス六四%、イタリア五九%、アメリカ五二%、ドイツ四〇%、イギリス三四%である。日本では、前述のように、家庭を空気のような存在と考える傾向があり、その家庭に他人が加わることへの抵抗があるということが考えられる。また、年齢別の回答をみると、日本では二〇歳代から四〇歳代よりも五〇歳代以上の方が「養子につがせる」の回答率が高い傾向があるが、あまり差のないオランダとイギリス以外は、四〇歳代までよりも五〇歳代以上の方が「養子につがせる」の率が低い。アメリカやヨーロッパで、実際に国を超えた養子縁組が盛んであり、日本の時代変化でみられるような古い考えとは捉えられていない。それに対して、日本では、「家をつがせる」という意味が大きく、古い考えと敬遠される一方、「家庭は唯一のくつろげる場所」という古い社会文化としての「うち」意識によって、「養子にとる方がよい」という考えが少ないのではないだろうか。

次に、親子の関係について少し触れてみたい。まず、一八歳から二四歳までの青年の意識の国際比較調査(11)で、困ったときにだれに相談するか、の回答をみると、日本は他国よりも親に相談する率が低い。しかし、「親の意見にはできる限り従うべきだ」という考えに対する同意・不同意では、同意の率の高いのはタイ、韓国の九〇%、アメリカが七五%、日本が六九%、フランス六六%、ドイツ六四%であり、日本が特別に親を軽視しているわけではないだろう。また、「年老いた親を養うこと」についての意見で、「どんなことをしてでも親を養う」の率が高いところを、「自分の生活力に応じて親を養う」の率とともに示すと、タイは七七%と二二%、アメリカ六六%と二九%、フランス五九%と四〇%、韓国は四四%と五三%、日本は二五%と六六%である。ドイツは一五%と六〇%であり、「親自身の力や社会保障に任せる」はドイツだけが一五%でその他は一〇%以下である。社会システムとも関連しようが、社会保障の進んだスウェーデンでも、「どんなことをしてでも」は少ないが「親自身の力や社会保障に任せる」も少なく、ドイツが家族に関することでは最も合理志向という見方はできそうである。一方、アメリカ、フランスでは、日本よりずっと多くの青年がどんなことをしてでも親を養うと回答しているが、日本の控えめな表現を好む傾向も考慮して考えるべきだろう。

これと関連するものとして、一九九〇年前後の七か国調査の、親孝行・恩返し・権利尊重・自由尊重の中から大切なことを二つ挙げる質問をみると、アメリカ、日本、イタリアでは、年齢によらず、七〇%から八〇%が親孝行をあげている。ドイツとフランスは若い層では四〇%台、五〇歳以上は六〇%台である。上述の青年層の親の扶養に対する考えは、親孝行の大切さと連動しているわけではないようである。

5 まとめ

日本における家族の実態とともに、人々が家族をどのようなものと意識しているのか、部分的ではあるが、調査データから比較可能な海外の状況と時代変化の中に位置づけ述べてきた。

世帯規模は、日本を含む欧米諸国では平均が二・六から二・七程度であり、北欧はさらに少なく、アジア・アフリカまた中南米諸国は世帯人数が多いといえよう。家庭をなす家族構成は全人口の八七%の人々は核家族と三世代家族やその他の親族との世帯で、そうした親族との生活をしているといえる。単身世帯は一割強である。子どもの数は、合計特殊出生率でみると低下の一途をたどっているが、家庭における子ども数は、結婚した夫婦の間では、ここ三〇年以上二・二人程度であまり変化はない。日本における少子化は、夫婦間の子どもの数の減少によるのではなく、未婚化によるものであることを示している。

日本では、家族・家庭を一番大切なものとして挙げる人が、この五〇年間に高まっている。どの年齢層でも同様の傾向である。欧米各国ともに、仕事や自由な時間や友人・知人や宗教や政治などよりも家族の重要度が高いと考えている。また、家庭については、くつろげる唯一の場所という考えに同意する割合は、欧米諸国でも異なっており、日本に次いで多いのはイタリア、フランスである。どの国も年齢との関係は同様で、年齢が高いほど、家庭はくつろげる唯一の場所と考えている。

様々な意識調査からほんの一部を取り上げたに過ぎないが、世界の様々な社会文化で家族の大切さは同様であり、社会システムの違い、文化の違いによる家族・家庭の意味、捉え方は異なっているということを示したつもりである。その違いを一口で表すことは避けたいが、あえて筆者が日本の特徴として考えていることを述べれば、次のようなことである。日本では、家庭の大切さと仕事の大切さとの関係があり、家庭に空気のような心地よさを求めている。そうした感覚は、古くから日本社会に根付いてきた文化であり、その社会文化が、現代の経済・社会に対応しきれずに、過労死の問題、父親不在の家庭の問題などにつながっているのではないかと思う。

注

注1　日本で第三位に「お金」が挙がっているが、他の国では非常に少なく六位までに入ってこない。しかし、日本でも上記「日本人の国民性調査」では一九八三年以降、「お金」に関するものは多くはなく、「愛情・精神」が上位にある。自由回答の分類が異なるという理由のほか、他の質問構成の影響もある。しかし、日本でお金を大切とする考えが欧米より多いことは、七か国調査の子供にお金は大切だと教えるのがよいという考えへの賛否を尋ねる質問で、日本は、賛成の回答が多い上に中間回答も多く、否定の回答が非常に少ないことから、明らかである。

注2　合計特殊出生率には期間合計特殊出生率とコーホート合計特殊出生率がある。期間合計特殊出生率は、ある期間（一年間）の出生状況に着目したもので、その時点における各年齢（一五～四九歳）の女性の出生率を合計したもの。どの年齢の女子の人数も同じとして算定される出生率で、女子人口の年齢構成の違いを除いた「その年の出生率」であり、年次比較、国際比較、地域比較に用いられている。

厚生労働省：平成一七年人口動態統計（確定数）の概況

注3　二〇〇二年まではほぼ二・二人で一定であったが、二〇〇五年には二・〇九に減少している。算出元の調査対象者は一九八〇年代後半に結婚した人たちであり、二〇〇三年との違いは結婚時期の二年の違いのみであるが、標準誤差は±〇・〇二七（標本数一〇七八）であるから、有意に減少していると考えられている。

国立社会保障・人口問題研究所：—第一三回出生動向基本調査

注4　「家庭はくつろげる唯一の場所である」の賛否の質問は、家庭における男女の役割の質問、離婚についての質問とともに、フランスとの比較研究で提案された質問である。

引用文献

（1）「国民性の研究　第11次全国調査―2003年全国調査―」、統計数理研究所研究リポート92、2004、29頁。
（2）「国民性七か国比較」、統計数理研究所国民性国際調査委員会、出光書店、1998、238頁。
（3）「日本の長期統計系列」（Web版）、総務省　統計局・統計研修所、2-15　都道府県、世帯人員別一般世帯数（大正9年~平成12年）http://www.stat.go.jp/data/chouki/zuhyou/02-15.xls
（4）「日本統計年鑑」（Web版）、総務省　統計局・統計研修所、2-16　世帯の種類、世帯人員別世帯数及び世帯人員（昭和50年~平成17年）http://www.stat.go.jp/data/nenkan/
（5）「世界の統計2007」（Web版）、総務省　統計局・統計研修所、第2章人口2補1世帯、http://www.stat.go.jp/data/sekai/zuhyou/02h01.xls
（6）「日本統計年鑑」（Web版）、総務省　統計局・統計研修所、2-18　家族類型別一般世帯数（昭和60年~平成17年）http://www.stat.go.jp/data/nenkan/
（7）「データで読む家族問題」湯沢雍彦、NHKブックス、2003
（8）「日本統計年鑑」（Web版）、総務省　統計局・統計研修所、2-25　標準化人口動態率及び

女子人口再生産率（大正14年〜平成17年）http://www.stat.go.jp/data/nenkan/

（9）「第13回出生動向基本調査」（Ｗｅｂ版）２、夫婦の出生率　表２-１各回調査における夫婦の完結出生児数、国立社会保障・人口問題研究所、http://www.ipss.go.jp/

（10）「環太平洋価値観国際比較調査—２００４年度日本調査—」、吉野諒三編集、統計数理研究所、２００５、「環太平洋価値観国際比較調査—２００５年度中国［北京・上海・香港］調査報告書」、同、２００７、「環太平洋価値観国際比較調査—２００６年度韓国調査報告書」、同、２００７、「環太平洋価値観国際比較調査—２００６年ＵＡＳ調査報告書」、同、２００７

（11）「日本の青年—第６回世界青年意識調査報告書—」総務庁青少年対策本部編、１９９９

日本の中年期の男性の自殺原因を探る

――職場と家族のありように注目して――

川崎　末美

はじめに

日本では一九九八（平成一〇）年に自殺者が急増し、以来毎年三万人前後という高い水準が続いている。自殺の発生率は、一般に女性より男性の方が高く、また高齢になるほど高くなるが、日本では働き盛りの男性の自殺率が高いという特徴がある（図1）。二〇〇五年の警察統計によると、この年一年間に中年期（四〇～五九歳）(注1)の男性だけで一万人余りが自殺で死亡している。仕事や家庭生活など、人生のなかでもっとも充実していると思われるこの時期に、自ら死を選ばざるを得なかった当人の無念もさることながら、夫や父、息子という家族にとってかけがえのない存在を突然、それも自殺によって失ってしまった家族の悲しみと苦悩は計り知れない。これは日本の家族にとって深刻な問題であるとともに、日本社会にとっても大きな損失である。

図１　男性の年齢階層別自殺率の国際比較（2000年）

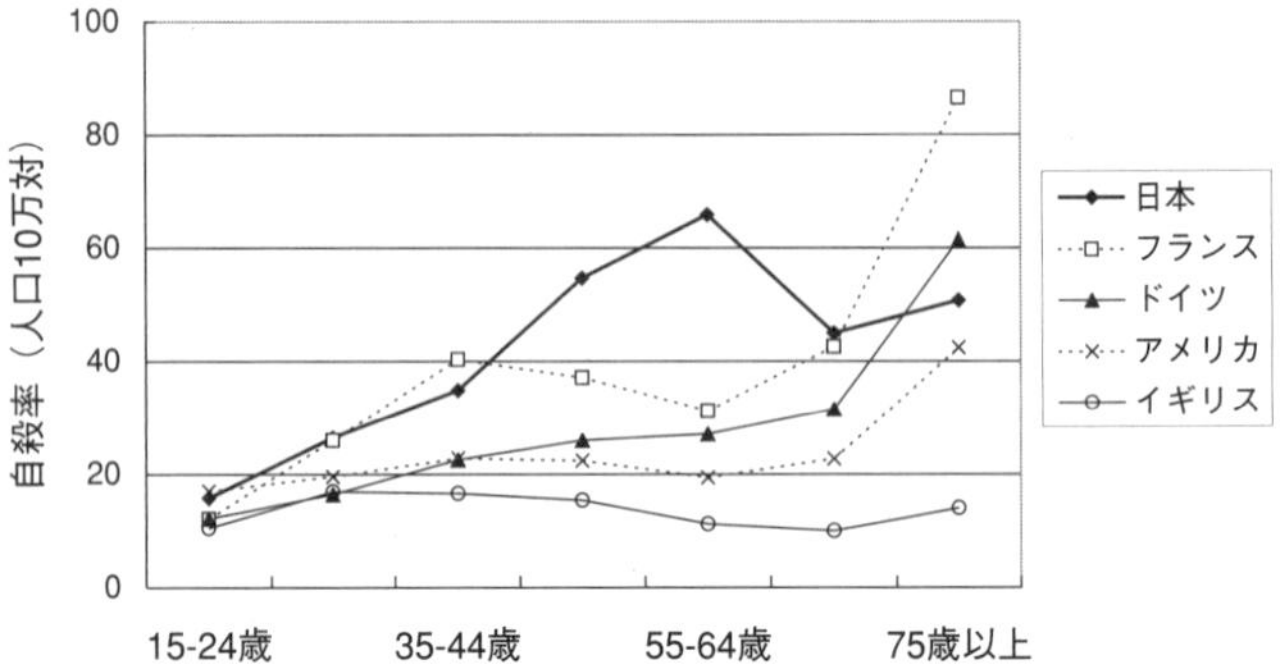

（注）厚生労働省統計情報部編『自殺死亡統計』（1990）および『第５回 自殺死亡統計』（2005）より作成

このような自殺をどうにかして減らさなければならないが、それには自殺の本当の原因を知ることが必要である。

働き盛りの男性の自殺の原因としてよくあげられるのが、不景気とそれに伴う失業である。確かに、二〇〇〇年の人口動態統計によると、四五～五四歳男性の全自殺の三分の一が無職者の自殺である。自殺率（人口十万対）をみると有職者の四三に対して無職者は二八二と、無職者は有職者の六・五倍もある。

図2は一九八〇年以降の四五～五四歳男性の自殺率の推移を、図3は同時期の失業率の推移を国際比較したものである。まず、日本の自殺率の推移をみると、八

図２　国際比較でみた45-54歳男性の自殺率の推移

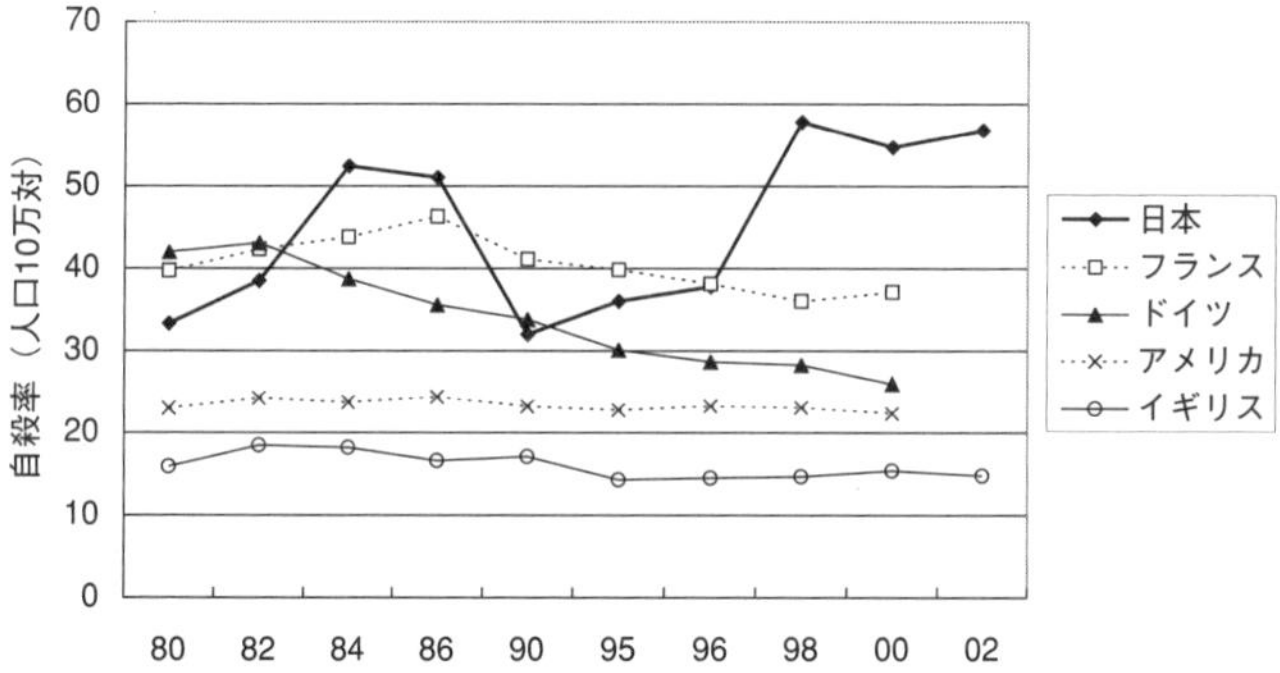

（注）厚生労働省統計情報部編『自殺死亡統計』（1990）および『第５回 自殺死亡統計』（2005）より作成

図３　国際比較でみた失業率の推移

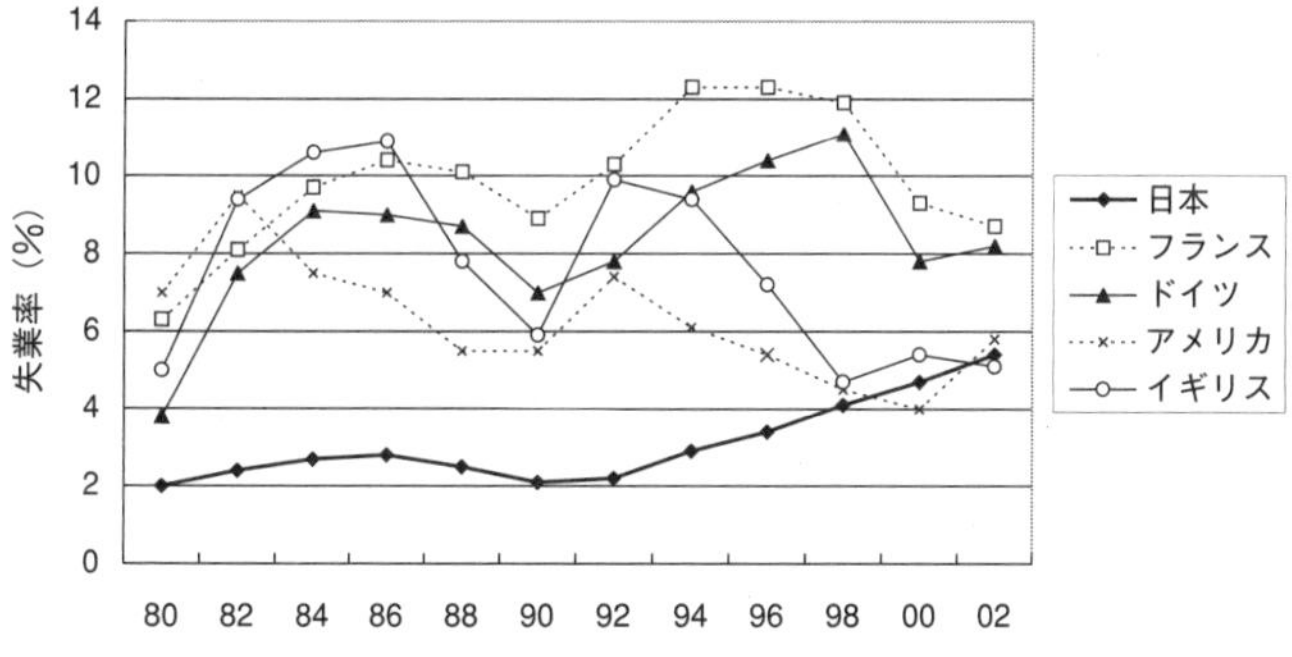

（注）国際連合統計局『国際連合世界統計年鑑』各年より作成

〇年代半ばに高くなっているが九〇年には低下している。しかし、その後再び上昇に転じ、特に九八年に急上昇し、その後は初めに述べたように高水準で推移している。これは、図3に示した日本の失業率の動き、つまり、八〇年代半ばの不況による失業率の上昇、九〇年頃の景気回復に伴う失業率の低下、その後の長くて厳しい不況のなかで四～五%の高い水準が持続したという失業率の推移に対応したものと考えられる。

以上のようなデータをみると、確かに不況や失業が日本の中年期の男性の自殺原因のように思われる。しかし、図2と図3をよくみると、欧米諸国では失業率は日本よりはるかに高いのに自殺率は日本よりも低い。また、失業率の振幅が大きいにもかかわらず自殺率はほとんど変わらない。不況や失業が自殺の原因なら、欧米諸国の男性の自殺率は日本より高くなるはずだし、失業率とも連動するだろう。なぜそうならないのだろうか。自殺の本当の原因がほかにあるのだろうか。

本稿では、E・デュルケームの自殺研究を手がかりにしてこの疑問に迫ってみたい。

一　E・デュルケームは「自殺の本当の原因」をどのようにして探ったか

（一）人を自殺に追い込みやすい社会とそうでない社会

近代社会学の父といわれるE・デュルケーム（一八五八〜一九一七、仏）は、一九世紀後半のヨーロッパにおける自殺をさまざまな角度から検討し、自殺の本当の原因が社会の状態にあるとしたことで知られている（一）。表1は、一八六〇年代から七〇年代のヨーロッパの自殺率を国別にみたものである。三つに分けられたこの期間の各国の自殺率に増減はあるが、全体としてみると各国の自殺の発生には一定の傾向があることが示されている。

一方、人々が自殺の原因として思い浮かべ

表1　ヨーロッパ諸国の自殺率（人口100万あたり）

	期間 1866-70	期間 1871-75	期間 1874-78	順位 第一の期間	順位 第二の期間	順位 第三の期間
イタリア	30	35	38	1	1	1
ベルギー	66	69	78	2	3	4
イギリス	67	66	69	3	2	2
ノルウェー	76	73	71	4	4	3
オーストリア	78	94	130	5	7	7
スウェーデン	85	81	91	6	5	5
バヴァリア	90	91	100	7	6	6
フランス	135	150	160	8	9	9
プロイセン	142	134	152	9	8	8
デンマーク	277	258	255	10	10	10
ザクセン	293	267	334	11	11	11

出典：デュルケーム著 宮島喬訳 『自殺論』 中央公論社 1985 31頁

表2　農業と自由業の自殺の動機（%）

	農　業	自由業
失業、経済的失敗、貧困	8.15	8.87
家庭の悩み	14.15	13.14
失恋および嫉妬	1.48	2.01
酩酊および飲酒癖	13.23	6.41
犯罪者の自殺	4.09	4.73
身体的苦痛	15.19	19.89
精神疾患	35.80	34.04
厭世感情、種々の失敗	2.93	4.94
原因不明	3.96	5.97
	100.00	100.00

出典：デュルケーム著 宮島喬訳『自殺論』中央公論社1985年，169頁

るのは、これまでにみてきた失業のほか、家庭の悩み、身体的苦痛などである。デュルケームも、こうした「原因」と思われるそれぞれのものが自殺全体のどれくらいを占めているかを、国別や職業別に検討している。その結果、自殺の発生傾向が異なる国であっても、自由業と農業のように社会的性格や置かれている環境がまったく異なる職業であっても、全自殺にそれぞれの「原因」が占める割合に大きな違いはなかったのである（職業別の分析結果のみ表2に示した）。このことは、社会によって固有の発生傾向をもつ自殺に対して、これらの「原因」が何の説明力ももたないことを意味している。そこで、デュルケームは、経済的失敗や身体的苦痛といったものは自殺の「動機」にすぎず、こうした動機を抱えてしまった人々を自殺に追いやる社会のありようこそが自殺の「本当の原因」ではないかと考え、自殺の「社会的原因」を追究したのである。デュルケ

ームの研究の主要な部分を簡単に紹介しよう。

（一）自己本位的自殺―人間関係が疎遠な社会における自殺―

まず、彼は、宗教社会と自殺の発生傾向との関係に注目した。その一つとして、カトリックの社会よりもプロテスタントの社会において自殺率が高いことを見出し、二つの社会の違いを次のように考えた。つまり、カトリックの社会の信者たちは神父の説く教えや儀式をよく守り、また、その暮らしが教会のコミュニティに強く組み込まれているのに対し、プロテスタントの社会では信者による聖書の自由検討が許されており、教会の儀式もそれほど多くなく、カトリックの社会より個人がより自由で人間関係が疎遠になりがちであると。このことからデュルケームは、社会のありようと自殺との関係について、「人間関係が疎遠なほど、つまり社会の統合度が低いほど人々は自殺に向かいやすい」と説明している。

デュルケームは、この社会の統合度と自殺率との関係を家族においても見出している。これは、配偶者の有無や家族成員数と自殺率との関連の分析によるものである。それによると、配偶者がいる男性の自殺率は未婚や配偶者と死別した男性より低く、また、同じ既婚者でも子どもがいる方が、さらには、家族成員数が多いほど自殺率が低かったのである。これについてデュルケームは、家族成員相互の交渉が活発なほど、つまり家族の統合度が高いほど自殺が抑制されると説明している。

デュルケームは、以上の宗教社会や家族社会の検討から、社会の統合度が低いほど自殺率が高い、すなわち、人間関係が疎遠な社会ほど自殺率が高くなると結論づけ、このような社会における自殺を「自己本位的自殺」と名づけた。

(三) 集団本位的自殺—集団への献身と犠牲が強く求められる社会における自殺—

さらにデュルケームは、軍隊と一般社会の自殺率の違いについて検討している。それによれば、フランスの兵士の自殺率は同じ年頃の市民の一・三倍であった。また、パリの三〇～三五歳の特殊部隊や憲兵隊の兵士の自殺率は三五歳の市民に比べて二・五倍も高くなっていた。

軍隊では一般社会より組織に対する忠誠と献身を求められるが、それをより強く求められるのが特殊部隊や憲兵隊などの精鋭部隊である。したがって、ここに示した自殺の発生傾向の違いは、忠誠心や犠牲的精神が強い社会ほど自殺が起こりやすいことを示している。実際、このような集団においては叱責や不当な処罰、昇進の停止、名誉にかかわる問題、他人の自殺の目撃やその風聞を耳にしたこと、その他わずかの不満から自殺に走ってしまうと、デュルケームは説明している。そして、このように所属集団への忠誠と犠牲が強く求められる社会における自殺を「集団本位的自殺」とした。

(四) アノミー的自殺―社会の規制が弛緩し欲望が肥大化した社会における自殺―

もうひとつは、社会秩序が乱れ、社会的規制が緩んだ社会において、個人の欲望が過度に膨らんで心理的に不安定になって自殺に至るものである。デュルケームは、こうした状態がみられる社会として、まず、経済活動が急激に膨張している社会、特に商工業の経営者層をあげている。また、結婚生活への規制が緩みがちな離婚が許されている社会の家族や、心ひかれるすべての対象に愛情を注ぐことが許されている未婚者についても、不安、動揺、不満の状態が引き起こされがちな社会環境にあり、自殺に至りやすいとしている。

デュルケームは、社会的規制が緩み、人々の共通の価値や道徳が失われて混乱が支配的になった社会の状態を「アノミー」と名づけ、このような社会で起きる自殺を「アノミー的自殺」とよんだ。

二　日本の中年期の男性の自殺原因を考える

それでは、日本に多い中年期の男性の自殺の本当の原因を、デュルケームの自殺研究にならって探ってみよう。

(一) 職場にみられる原因――一所懸命の企業戦士――

デュルケームのいう「集団本位的自殺」、つまり軍隊における自殺から連想するのは、日本のサラリーマンが「企業戦士」といわれていることである。実際、彼らは会社への強い忠誠心や自己犠牲を求められている。法定労働時間が守られないことは言うに及ばず、過労や家族の事情を理由に残業を断ることや会社を休むことも憚られる。無償労働であるサービス残業も少なくない。

銀行業界紙『ニッキン』(1989・5・12)の「新入行員実務対応Q&A」には、

新入行員の次のような質問、「就業規則で決められている退社時間が過ぎても課長が残っているから帰れない。また、帰りがけに仕事を言いつけられる。入行以来二ヶ月もこんな状態が続いているが、このままでは身体がもたない。どうしたらよいか」に対して、次のような回答が載せられている。「今からそんな弱音を吐くようなら銀行をやめた方がよいのではないか。決められた時間以上働くのは契約違反という考え方なら銀行での生活に心の平和と安定はないし、人生の幸せは得られない。人間の労働に対する報酬は時間に対して支払われるのではなく、労働に対する有形無形の価値に対して支払われるのだ」と（二）。

日本の職場にこうした規範があるのは、武士道の「忠君愛国」の精神や、第二次大戦下に政府が示した「皇国勤労観」、すなわち、勤労は国家に奉仕する栄誉であり喜びであるという考え方（三）が、人々の間に無意識のうちに受け継がれてきているからかもしれない。しかし、さらに根源的な理由があるように思われる。それは、社会人類学者の中根千枝が提示した「集団構成の原理」である（四）。

人は、必ず血縁関係や身分、職業などの社会的属性、すなわち「資格」によってある集団、すなわち「場」に所属するが、中根によれば、集団構成の契機として「資格」

の共有が重視される社会と、「場」の共有が重視される社会があり、前者には血縁関係を重視するインド、中国、西欧がこれに含まれるという。日本はそうした社会とは異なり、「家」制度にみられるように、家の継承のためには血縁のない他人でも養子に迎える。また、会社では経営者も従業員も、営業マンも生産労働者も、すなわち社会的属性の異なる者がみな「うちの会社」意識をもって家族のように結ばれている。中根は、このような日本を「資格」より「場」の共有によって集団を構成する社会とみている。

中根は、以上のような集団の構成原理の違いが、集団における人間関係のあり方に影響すると考えている。「資格」が重視される社会では、「資格」によって一旦加入が認められればれっきとしたメンバーとして遇されるし、また、その人が備えている別の「資格」によって他の集団に同じウエイトをもって同時に所属することも容認される。それに対して「場」の共有を重視する日本のような社会では、全人格的なかかわりあいと日々の接触によって我々意識と情的つながりを形成し、互いをメンバーと認め合うようになるので、集団成員が同時に同じウエイトをもって他の集団に所属することは容認されにくい。したがって、日本の職場では、欧米にみられるように「仕事も家庭も」という生き方は認められず、「職場優先」「仕事第一」の生き方が求められることになる。また、情的な結びつきを大切にする職場には、「契約」や「ルール」は馴染みにくい。

このような日本の職場風土をよく示しているのが、先に紹介した『ニッキン』誌上の新入社員の質問に対する回答であり、また、次のような「サラリーマンの家庭と仕事に関する意識調査」（日本経済新聞社、１９９１）の結果である。これによれば、サラリーマンが早く帰れない理由として最も多いのが、「同僚との付き合いが大事だから」（五一％）であり、「何となく」（三〇％）が続いている。また、「上司が残っていると帰りづらいから」「勤務評価に影響するかもしれないから」をそれぞれ二五％の人があげている（複数回答）(二)。

日本のサラリーマンにとって職場はまさに「一所懸命」の場である。それだけに失業に限らず仕事上の失敗や上司の叱責は、サラリーマンに居場所の喪失感や人生への絶望を感じさせ、中年期の男性を自殺に込みやすいのであろう。ことに近年の人事管理システムは年功序列から業績主義に移行しつつあり、また、経営建て直しのための人員削減によって終身雇用制度も崩れてきているので、仕事上のゆきづまりや失職を経験する人が増え、中年期の男性の自殺の増加につながっていると考えられる。

このタイプの自殺はデュルケームのいう「集団本位的自殺」に当たるが、最近は統合度が低い社会にみられる「自己本位的自殺」も増加しているかもしれない。なぜなら、人事管理システムに業績主義や競争原理が導入されたことによって職場における情的な関係や信頼関係が壊れ、孤独感を深めるサラリーマンも増えていると考えられるからである。

以上のような日本における職場のありようが、日本の中年期の男性の自殺率を高め、また、失業率と自殺率の連動の原因となっているのではないだろうか。

(二) 家族にみられる原因―家庭に居場所のない企業戦士―

日本の家族は、欧米の家族に比べて夫婦関係が希薄で母子の結びつきが強いといわれる。その実態をみてみよう。

ＮＨＫが一九九三年に日本と欧米六カ国（カナダ、アメリカ、イギリス、デンマーク、オランダ、フィンランド）で行った「生活時間の国際比較調査」によると、父親が一週間に「子どもの世話」に費やす時間の平均は、日本では二八分であるのに対し、他の国はすべて一時間以上、最多のカナダは二時間もある。

　また、一九九四年に総務庁青少年対策本部が行った「子どもと家族に関する国際比較調査」では、平日に子どもと接する時間が「ほとんどない」という父親は、アメリカでは一%しかいないが日本では一九%もある。また、「三〇分以下」がアメリカでは六%だが、日本では五五%と半分以上もある。ただ、親子の接触時間は日本では母親も短い。「三〇分以下」がアメリカでは三%だけだが、日本では二六%もある。この調査では、一〇〜一二歳の小学生が時間をかけている活動についてもたずねているが、「家族とおしゃべり」をあげた割合はアメリカの八九%に対して日本は四〇%にすぎなかった。また、その話題の種類もアメリカでは家族や友だちのこと、子どもの将来の進路や異性関係のことなど多岐にわたっているが、日本では多様性に乏しく、特に父子間の話題は少ないという結果であった。

　では、「父親不在」で、母親との関係も考えられているほどには緊密でない家庭で育った日本の青年は、親をどのように見ているだろうか。一九九八年に総務庁青少年対策本部が行った「第六回世界青年意識調査」によれば、三六%の者が、父親は自分の友人や恋人のことを「ほとんど知らない」と思っており、「よく知っている」は一九%

図4　国際比較でみた青年の父親イメージ

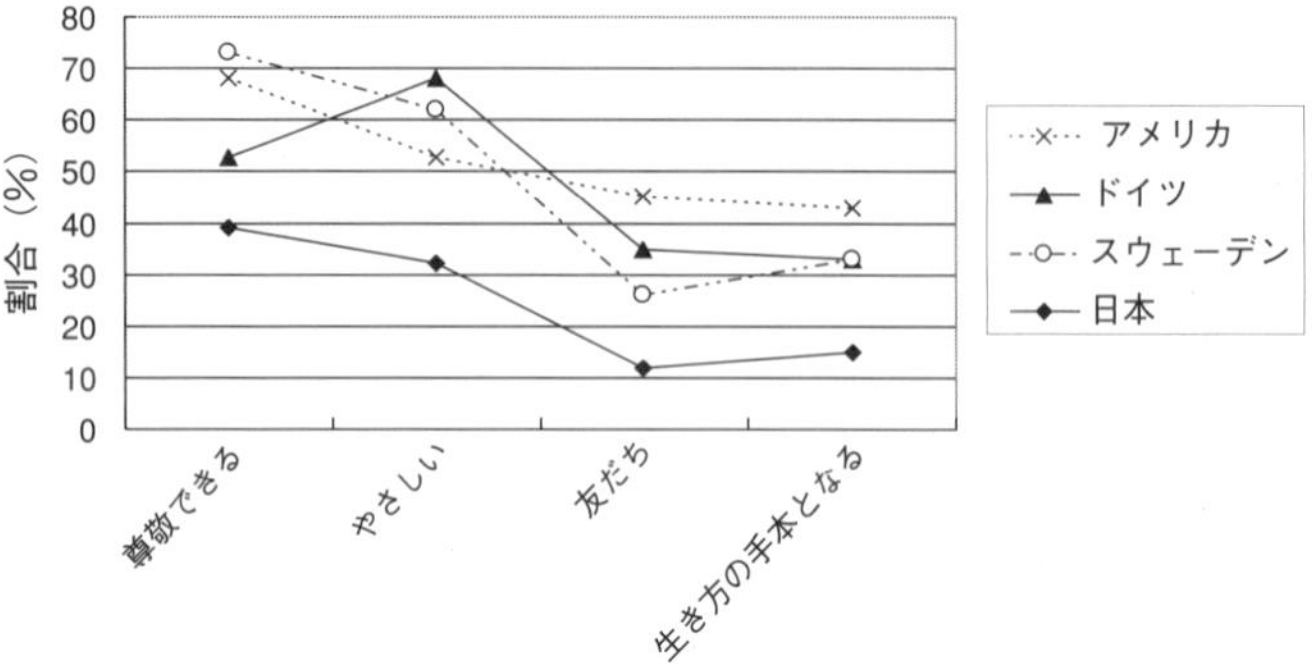

にすぎなかった。また、悩みの相談相手として父親をあげた者は二二%、母親をあげた者は四五%と、やはり父子関係の希薄さがうかがえる。以上のように、青年からみた親の子ども理解や相談相手としての認知レベルは、父母ともに調査対象となった一一カ国のなかでは日本が最も低かった。

　二〇〇三年の「第七回世界青年意識調査」では、親のイメージをたずねている。図4にみるように、日本の青年は父親を「尊敬できる」「やさしい」「友だち」「生き方の手本となる」と考えている割合は、いずれも欧米よりかなり少ない。この傾向は母親についても同じである（図5）。

　この調査結果もまた、日本における父子の関わりの希薄さのみならず、母子関係もまた緊密

図５　国際比較でみた青年の母親イメージ

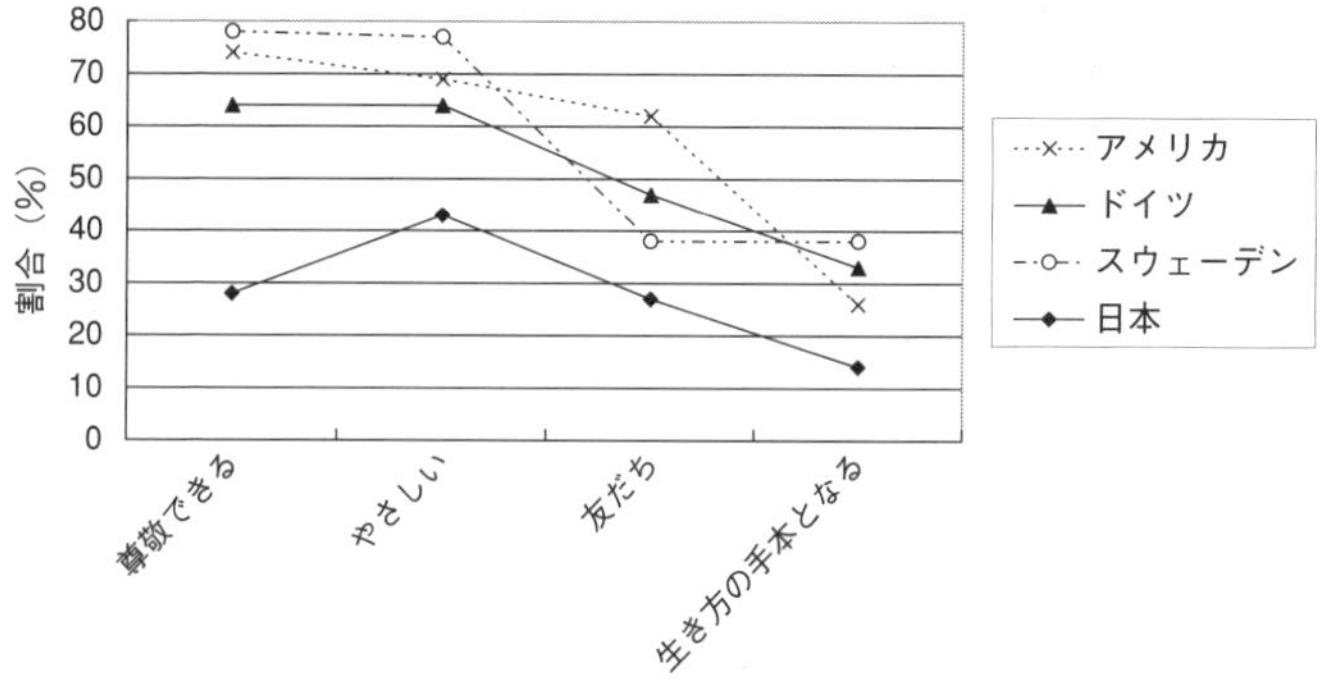

（注）図4、5とも総務庁青少年対策本部「第7回世界青年意識調査」2003年より作成

とはいえないことを示している。こうした親子関係のありようは夫婦関係でも同じである。夫にもっと子育てに関わってほしいと願っている妻は多いが、夫が職場第一主義にならざるをえない日本では、それはなかなか実現しない。これは家事についても同じである。前述の「生活時間の国際比較調査」によれば、日本の夫の一週間の炊事時間は平均一四分だが、他の六カ国では最も少ないカナダで二時間六分、デンマークやオランダでは三時間二三分もある。

日本でも欧米のように夫が家事や子育てにもっと関われば、妻の家事や子育ての負担感は軽くなり、家族の交流は活発になるだろうし、夫婦の絆も強まるに違いない。しかし、現状は、妻の負担感ばかりが大きく、妻の夫への期待と不満はやがて諦めに変わり、父親を排除した「母子家庭」さえ成立している状態である。前に引用した、サラリーマンが早く帰れない理由をたずねた調査では、「妻の愚痴を聞かされるのがいやだから」と「家庭に自分の居場所がないから」をともに一九％の人があげている。

以上のように、日本の家庭は欧米に比べて、「父親不在」「夫不在」が一般的な姿となっている。これは今まで述べたように、「仕事も家庭も」を許容しない、「場」の共有を集団の構成原理とする日本の社会構造によるところが大きいと考えられるが、神島二郎がいう日本の男性の「単身者主義」も付け加えたい(五)。これは、日本の既婚男性が家庭という拠点づくりに対して無責任・無関心で、まるで自分が独身者であるかのような気分で行動することをさしている。この単身者主義は、職場のみならず友人関係など他の社会関係にも及ぶので、日本の男性が家族のために仕事や付き合いを断ったり、途中で切り上げたりして帰宅するのは至難のわざなのである。

家族が家族として統合されることを妨げる以上のような日本の社会構造に、近年では家族の「個人化」という動きが加わっている。家族の個人化とは、家族成員が集団としての家族よりも個人としての欲求充足を優先する傾向をいうが、この傾向の広まりによって、家族がバラバラに行動することへの抵抗感が小さくなっている。例えば、食卓に全員が揃わなくても気にならない家族や、妻が夫や子どもより自分の都合や生き方を優先して行動することにみられる。もっとも単身者主義の夫はとうの昔から個人化しているわけで、それが近年になって妻や子どもにも及んできたということであるが。

家族の個人化の背景にあるのは、個人の尊重や男女の平等を謳った戦後の憲法改正、「家」の継承を第一義とした直系家族制から夫婦一代限りの夫婦家族制への変更を規定した民法や戸籍法、こうした法的変革を社会の実態の変化につなげた高度経済成長である。

一九六〇年以降の高度経済成長により、土地の継承を必須とする農家世帯は急激に減少した。また、「家」のために、あるいは親の意向を受けて見合いで結ばれていた結婚が五〇年代までは約六割を占めていたが、今では約九割が恋愛結婚となった（第一三回出生動向基本調査　夫婦調査二〇〇五年）。家族形態も、一般世帯のうち直系家族世帯は三割に満たなくなった（二〇〇五年国勢調査）。こうした変化の中で子家族の親世代からの独立性が高まり、家庭生活における個人の自由度も高まった。さらに、女性の高学歴化と第二次・第三次産業の発達による職種の多様化、家電製品の普及や加工食品・外食産業の発達による家事の省力化は、女性の自己実現欲求を高め、妻や母の家庭外の就労を促した。

このように戦後の社会変化とともに進んできた家族の個人化が、「夫不在」「父親不在」と重なった結果がこれまでにみてきたような、世界的にみても低調な家族間の交流と結びつきの弱さとして現れているのであろう。特に中年期は、夫婦の生活世界が分化・拡散し、夫婦の情緒的な交流が最も疎遠になる時である(六)。生活費を稼ぐという役割でかろうじて家族とつながっている中年期の男性が、仕事でゆきづまったり失業した時に家族に生きがいを見出したり相談をすることは難しく、一人で命を絶つという道を選ぶ蓋然性が高くなるのではないだろうか。なかには、果たせなくなった生活費取得役割の代わりに、生命保険金やローンの返済義務のなくなった住宅を残すために自殺している人もいるかもしれない。

家族の状況や仕事上の悩みは千差万別である。また、過労やストレスから発したうつ病がもとで自殺に至ることも少なくないので、中年期の男性が自殺に至る過程を以上のような単純な説明でくることはかなり乱暴ではある。しかし、家族関係が緊密で、失業率と自殺率が連動しない欧米社会と比較すると、家族関係の希薄さもまた日本の中年期の男性の自殺原因の一つと考えてもよいのではないだろうか。

（三）中年期の男性の未婚と離婚の増加

デュルケームが示した、有配偶より無配偶の男性に自殺が多いという現象は、現代の日本でも同じである。表3は、二〇〇〇年の中年期の男女の自殺死亡数と自殺死亡率を配偶関係別にみたものである。男女とも有配偶に比べて無配偶の自殺率の方が高いが、男性は女性より無配偶であることが自殺を一層促進しており、有配偶に比べて未婚と死別は三～四倍、離婚は六倍以上も高くなっている。

なぜ、男性の無配偶者は自殺に向かいやすいのか。一般的に、男性は女性に比

表3　中年期の男女の配偶関係別自殺死亡数および自殺死亡率（人口10万対）2000年

	男性		女性	
	40-49歳	50-59歳	40-49歳	50-59歳
	＜自殺死亡数＞			
総数	3,065	6,187	938	1,662
有配偶	1,855	3,759	594	1,068
未婚	1,043	961	166	172
死別	48	240	25	149
離別	639	1,178	149	264
	＜自殺死亡率＞			
総数	43.4	65.5	11.4	17.3
有配偶	28.8	47.5	8.6	13.6
未婚	76.6	123.2	27.5	37.1
死別	113.1	155.2	17.2	25.9
離別	193.0	260.0	27.3	40.0

（注）厚生労働省統計情報部編『第5回 自殺死亡統計』（2005）より作成

べて自己開示や感情表出を抑制するように求められているために、それができるような親密な関係は配偶者や恋人に限定されがちである(七)。こうした男性の特性が、特に無配偶男性の自殺率を高めているのであろう。

日本では、この自殺リスクの高い無配偶者のうち、未婚者と離別者が八〇年代から増加している(図6、7)。離別については、同居期間が二十年以上の夫婦の離別が増えていることが注目される(注2)。こうした変化とともに、図8に示したように、中年期の男性の自殺者全体に占める未婚者や離別者の自殺の割合が増加しており(未婚は一九七五年の一〇%から二〇〇〇年の二〇%へ、離別は九%から一九%へ)、近年の中年期の男性の自殺の増加要因には未婚者や離婚者の増加があることがわかる(注3)。

では、未婚者や離別者が増加しているのはなぜか。デュルケームは、前に述べたように離婚者や未婚者の自殺をアノミー的自殺ととらえている。日本の今日の離婚者や未婚者の増加の背景にもアノミー的社会状況がないとはいえないだろう。しかし、日本における離婚率や未婚率の上昇には特殊な社会事情がある。

今日の男性の未婚率の上昇は、活発な異性交際が行われるなかで「もっといい人がいるかもしれない症候群」に侵されて若い人が結婚を先延ばししているから(八)とい

図６　40-59歳の男性の未婚率の推移

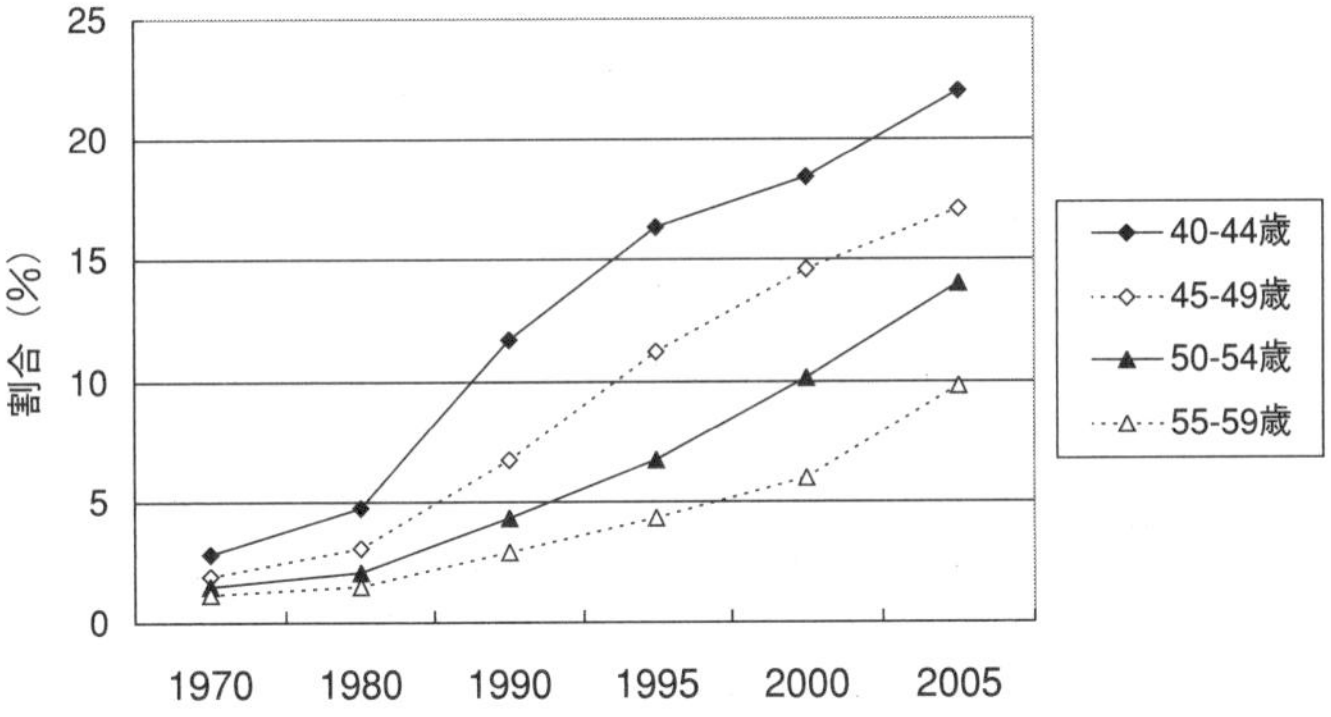

（注）総務庁統計局『国勢調査』（各年）より作成

図７　同居期間別にみた離婚件数の年次推移

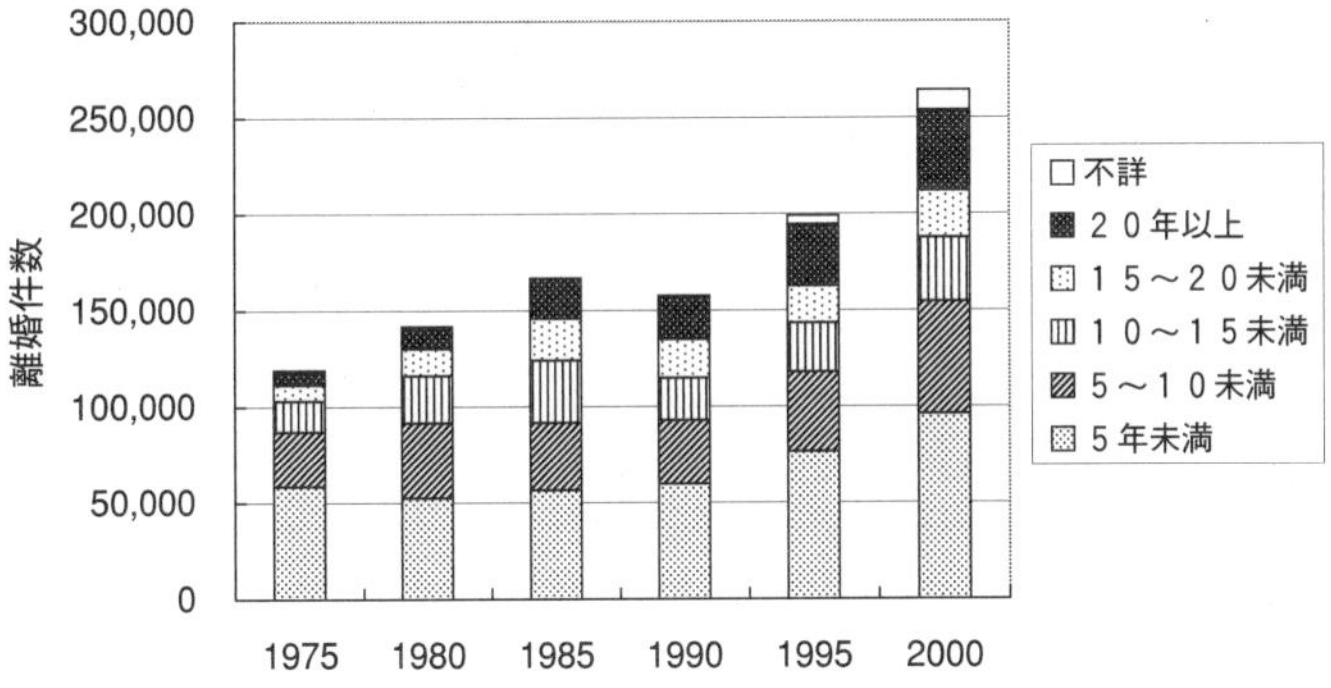

（注）厚生労働省統計情報部『人口動態統計』（各年）より作成

図8　40-59歳の男性自殺者の配偶関係別割合

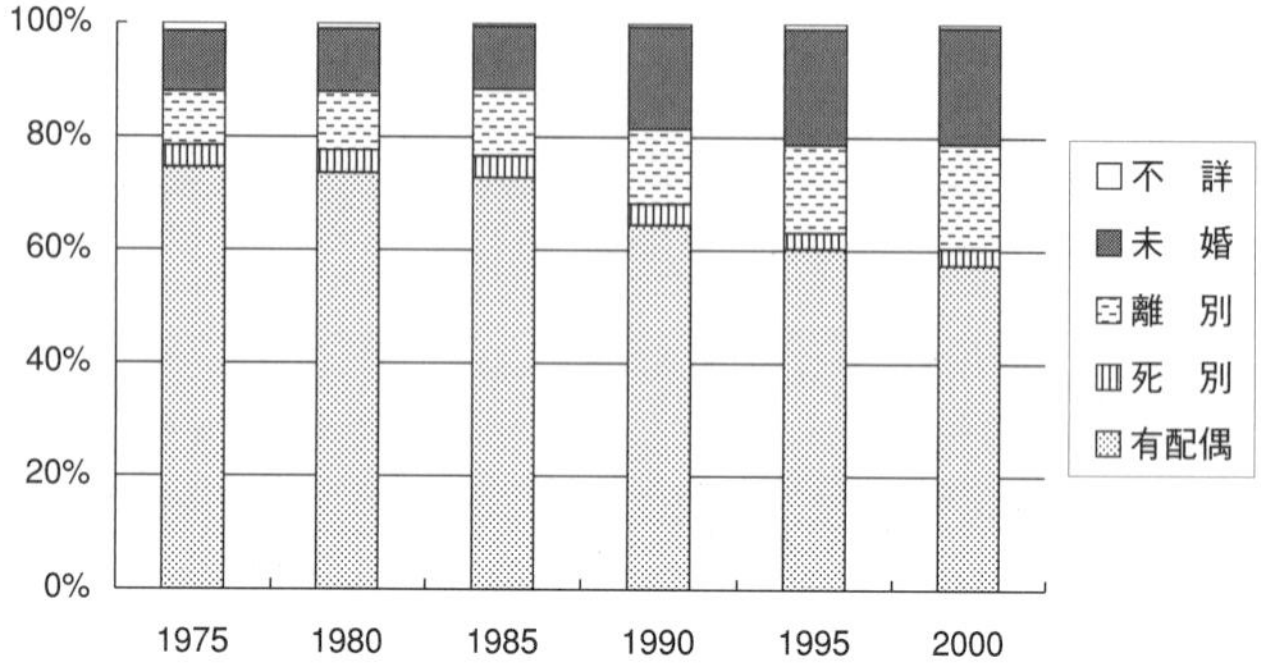

（注）厚生労働省統計情報部編『自殺死亡統計』（1990）および『第5回 自殺死亡統計』（2005）より作成

うより、つまりアノミー的社会状況によるものというより、異性交際もできないほどの長時間労働や、結婚できるだけの収入のないフリーターやニートといわれる人たちの増加、あるいは、異性交際に不器用であったり消極的であったりして結婚相手にめぐり合えないなどの理由によるところが大きい（九）。この人たちは職場以外の人間関係を形成しにくいと思われるが、特に中年期になると同世代の独身仲間が少なくなる。また、息子としての家族役割はあっても、夫や父として家族の生活を支えるという、生きがいにつながるような家族役割はない。したがって、その生活は孤独になりがちであり、自殺動機になるものを抱えてしまうと、結婚している人よりも自殺に至る確率は高いと考えられる。

では、離婚者についてはどうだろうか。日本では離婚もまた自殺と同じように失業率と連動して増減する。図7の離婚件数の推移をみると、失業率の高くなった八〇年代半ばと九〇年代半ば以降に離婚件数が増加している(注4)。九〇年代半ば以降は、特に同居期間二〇年以上の離婚件数が増えていることは前にみたとおりであるが、この時期は中年期の男性を対象にしたリストラが盛んに行われ、また企業の倒産も多かった。離婚理由はよくわからないが(注5)、男性が家計を支えることでかろうじて家族とつながっている場合、その役割を果たせなくなると夫婦関係が破綻しやすくなるのかもしれないし、唯一ともいえる役割を失った男性が家族から身を引こうと考えて離婚するのかもしれない。なかには、借金を抱えた男性が借金取立てから家族を守るためにやむをえず離婚するケースもあるかもしれない。このように失業や借金などの経済的理由による離婚は、性格の不一致など夫婦関係のなかから生まれた理由による離婚より、その後の自殺リスクは高いと考えられる。

図9は、中年期の男性の配偶関係別自殺率の推移をみたものである。前後の時期に比べて失業率の低かった九〇年の離別者の自殺率がそれほど高くないことや、失業率

図9　40-59歳男性の配偶関係別自殺率の推移

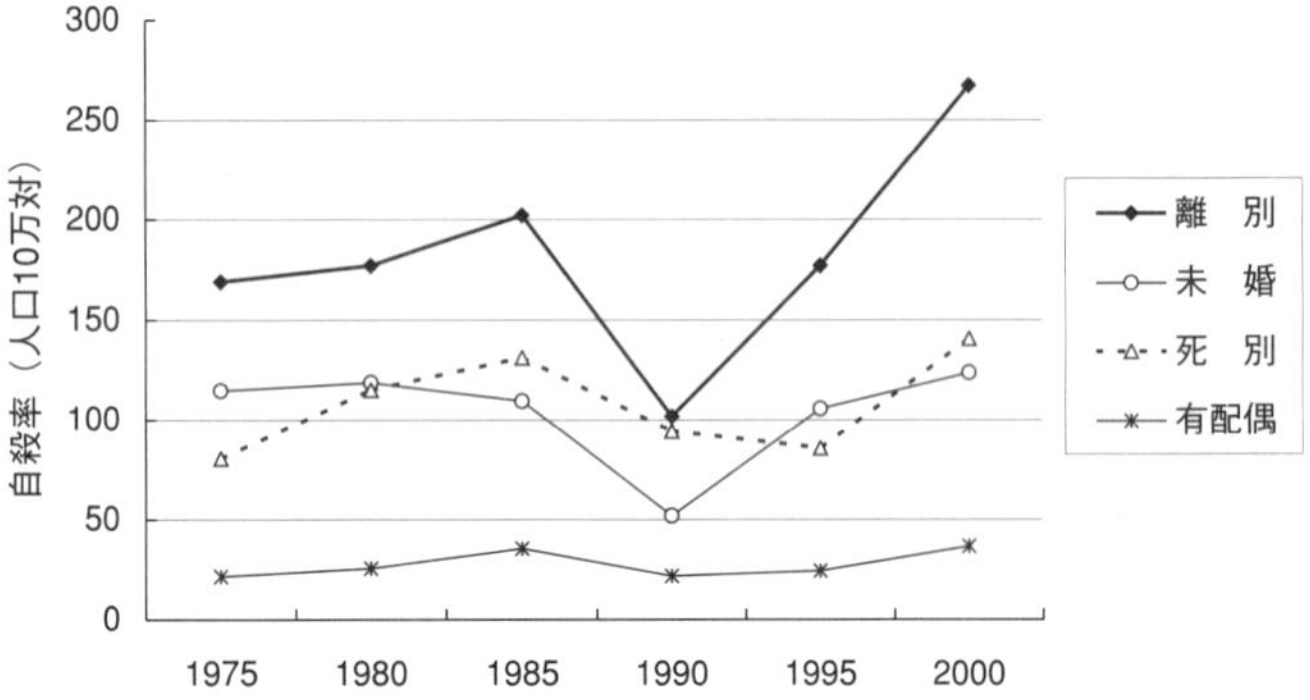

（注）厚生労働省統計情報部編『自殺死亡統計』（1990）および『第5回 自殺死亡統計』（2005）より作成

がそれまでになく上昇した時期にあたる二〇〇〇年の離別者の自殺率が特に高いことを考えれば、少なくとも二〇〇〇年の離別者の自殺には失業や経済的ゆきづまりを経たものが多かったのではないかと推察される。

以上のような経済的理由の絡んだ離婚に限らず、一般に離婚した男性は孤独になりがちである。

子どもがいる夫婦の離婚の八割は妻が子どもを引き取っている。また、欧米のように子どもとの面接交渉の取り決めをすることも少ない。こうしたこともまた、離婚した日本の中年期の男性の生活を寂しいものにし、自殺率を高めているのかもしれない。

三　日本の中高年男性の自殺を予防するために

本稿では、多発する日本の中年期の男性の自殺について、その原因をデュルケームの研究に倣って検討してきた。その結果、失業や経済的ゆきづまりは自殺の動機にすぎず、自殺の本当の原因は、日本の職場や家族の一般的な状況にあることがわかった。「仕事も家庭も」ではなく、「仕事優先」「職場第一」の生き方を求める日本の会社、その結果でもある「父親不在」「夫不在」の希薄な家族関係、そのような家族関係が引き起こす離婚、子どもと会えない離婚後の生活、さらに「仕事優先」の生き方を理由の一つとする未婚者の増大、これらが、複合的に作用して日本の中年期の男性の自殺原因になっているのである。つまり、「犠牲や献身が求められる社会」と「人間関係が疎遠な社会」という、デュルケームが示した、人を自殺に追い込みやすい社会的状況のいずれもが日本の中年期の男性を取り巻いているのである。自殺率が高くなるはずである。

ただ、個々の自殺をみるとうつ病に罹患して自殺に至るなど、心身の状態と密接に絡んだ自殺も少なくないので、社会学的考察だけでは十分とはいえない。しかし、本稿では以上の検討をふまえて、日本の中年期の男性の自殺をどうすれば抑制できるかについて、若干の考えを述べておきたい。

最も重要なことは、「仕事も家族も」という生き方のできる環境をつくることであろう。その際、社会構造に規定されている人々の意識をすぐに変えることは難しいので、まず、仕事は法定労働時間内に行うことを原則とすることである。しかし、それは、最大利潤の追求を第一義とする企業や、給与収入の減少は避けたいサラリーマンには受け容れ難い改革である。そのような企業とサラリーマンを動かすには、政治のリーダーシップが必要である。つまり、そのような変革をしても大丈夫だ、あるいはその方がよいと企業や国民に思わせるだけの「理由」と「新しい仕組み」と示すことが必要である。

この場合の理由として考えられることは、残業をなくして「仕事も家庭も」という生活を実現することが、中年期の男性の自殺を減らすことにつながるだけでなく、過労死や過労による心身障害の発症の抑制、少子化の抑制、子どもの社会化や夫婦の精神的安定などの家族機能の向上などによって、日本人と日本の家族の健康度を高めることができるということである。

一人当たりの給与の減少に対応する「新しい仕組み」としては、ワークシェアリングが考えられよう。一人当たりの労働時間の削減によって生じる労働力の需要増によって妻の就業機会を増やし、就労形態は正規就業を基本とする。パート就業でも同一労働同一賃金を保障する。そうすれば一世帯あたりの収入が増加する可能性は高い。また、ワークシェアリングは収入格差の是正や就業率の低い未婚男性(注6)にも就業機会を開くことに寄与し、結婚可能性を高める可能性もある。

ワークシェアリングは八〇年代に高い失業率を経験したフランスやドイツ、オランダで実施されてきたものである。日本でも失業率が高かった二〇〇〇年頃からその導入について議論が行われてきたが、なかなか実現しない。サラリーマンが収入の減少を恐れるからである。それについては、ワークシェアリングを収入の減少に結びつけないための前述のような施策を迅速に行うことが必要である。また、国民も、個人や家族の幸せのためには「時間」と「お金」のどちらが大切かということを真剣に問い直さねばならないだろう。

なお、現在の日本人の自殺には、消費者金融などの貸金業者から強制されたに等しい自殺がかなり含まれているという問題がある。これは、借り手の死亡によって貸付金が回収不能にならないよう、貸金業者が自らを受取人とする「消費者信用団体生命保険」に借り手を加入させるシステムが、借り手を自殺に追い込んでいるという問題である。金融庁の調査によると、二〇〇五年に生命保険会社から消費者金融にこの保険金が支払われた件数は約四万件にのぼっており、そのうちわかっているだけで約一割が自殺によるものであったという。一人が複数の業者から借り入れているケースもあるので正確な自殺件数はわからないが、毎年三万人を超えている自殺者のうち一割以上は借金返済のための自殺であるとも推測されている（二〇〇六年九月六日、毎日新聞）。

このような自殺の本当の原因は、豊かな消費社会のなかで膨れ上がった欲望を満たす、生活費のやりくり、会社経営や事業のゆきづまりなどの借金理由の背後にある社会的状況のなかにあると考えられる。しかし、人がいとも簡単にお金を借りられるシステムや、本来の目的は別としても人を死に追いやる可能性をもつこのような保険制度とその運用のあり方には、早急な政治的対処を求めたい。また、事業者の良心が働くことを期待したい。

注

(1) 中年期をどの年齢段階とするかについては諸説あるが、本稿では職場と家族のありようや失業を検討する立場から、男性のおよそ八割が結婚を経験し、かつ九割以上が就業している年齢段階の四〇～六〇歳を中年期とした。ただし、データ収集上の制約から、四五～五四歳に注目して分析することもある。

(2) 同居期間二〇年以上の離婚件数が一九九五年以降に増加しているのは、このグループに団塊の世代が含まれるためでもあろうが、その年代にあたる人々の離婚率も確実に増加している。人口動態統計の有配偶男性の年齢階層別離婚率をみると、一九九〇年から二〇〇〇年にかけて四〇歳代で二倍、五〇歳代で二・五倍になっている。

(3) 死別者も離別者に次いで自殺リスクの高いグループであるが、中年期に配偶者と死別する男性の割合は少なく(二〇〇〇年は五〇歳代後半で二・二%)、死別者の自殺死亡数は多くない。

(4) 離婚率でみてもこの推移は同じである。湯沢雍彦が算出している夫婦千組当りの離婚率をみると、失業率の高まった一九八五年は五・四七、失業率が低くなった九〇年は五・〇四、その後は失業率の高まりとともに離婚率も上昇を続け、二〇〇〇年には八・一一となっている(十)。

(5) 全離婚の九割を占める協議離婚の理由はわからない。調停離婚の際に家庭裁判所に申し立てられた妻側の理由をみると、「性格が合わない」を最多として五番目に「生活費を渡さない」(二三%)という経済的理由がある(二〇〇〇年)。しかし、リストラや会社の倒産による失業を原因とした「生活費問題」を理由に家庭裁判所に離婚を申し立てることは少ないと考えられる。

（6）二〇〇五年の国勢調査によると、三〇～五九歳の有配偶男性の就業者率は九五パーセントであるが、未婚男性の就業者率七五パーセントと少ない。

引用文献

（一）E・デュルケーム（宮沢喬訳）『自殺論』中央公論社 一九八五年
（二）森岡孝二『企業中心の生活時間構造』青木書店一九九五年
（三）佐々木啓「徴用制度下の労使関係問題」『大原社会問題研究所雑誌』No.568 二〇〇六年三月 二三～三八頁
（四）中根千枝『タテ社会の人間関係』講談社現代新書 一九六七年
（五）神島二郎『日本人の結婚観』筑摩書房 一九六九年
（六）長津美代子『中年期における夫婦関係の研究』日本評論社 二〇〇七年
（七）稲葉昭英「夫婦関係の発達的変化」渡辺秀樹・稲葉昭英・嶋崎尚子編『現代家族の構造と変容 全国家族調査[NFRJ98]による計量分析』東京大学出版会 二〇〇四年 二六一～二七六頁
（八）山田昌弘『結婚の社会学』丸善 一九九六年
（九）川崎末美「日本の晩婚・非婚化の社会的要因と少子化対策に関する一考察 ― デンマーク社会との比較を通して ―」『東洋英和女学院大学 人文・社会科学論集』第十七号 二〇〇〇年 二七～六八頁
（十）湯沢雍彦『図説 家族問題の現在』一九九五年、『データで読む家族問題』二〇〇三年 日本放送出版協会

明治の離婚問題——欧米との比較——

湯沢　雍彦

1　とても多かった離婚

「明治の半ばと最近とを比べてみると、離婚率（離婚が起こる割合）はどちらの方が高いでしょうか」と質問すると、どんな会合でも１００人中99人までが最近の方に手を挙げる。明治時代の方が、家を守ろうとする家族制度が厳しく夫は威張って妻はおとなしく従っているほかなかったから離婚は少なかった、それに比べて最近は離婚しても女性が自立できるし、気軽に簡単に別れる風潮も強いから、結論ははっきりしている。「それは最近の方だ」と考える人が圧倒的に多い。

ところが、実はこの判断は間違っている。

明治時代は45年もあってその半ばというと明治23（１８９０）年頃になるが、その年の離婚率（人口１、０００人当たりのその年の離婚届出数の割合）は「２・76」で

図表1　120年間の婚姻率と離婚率の推移

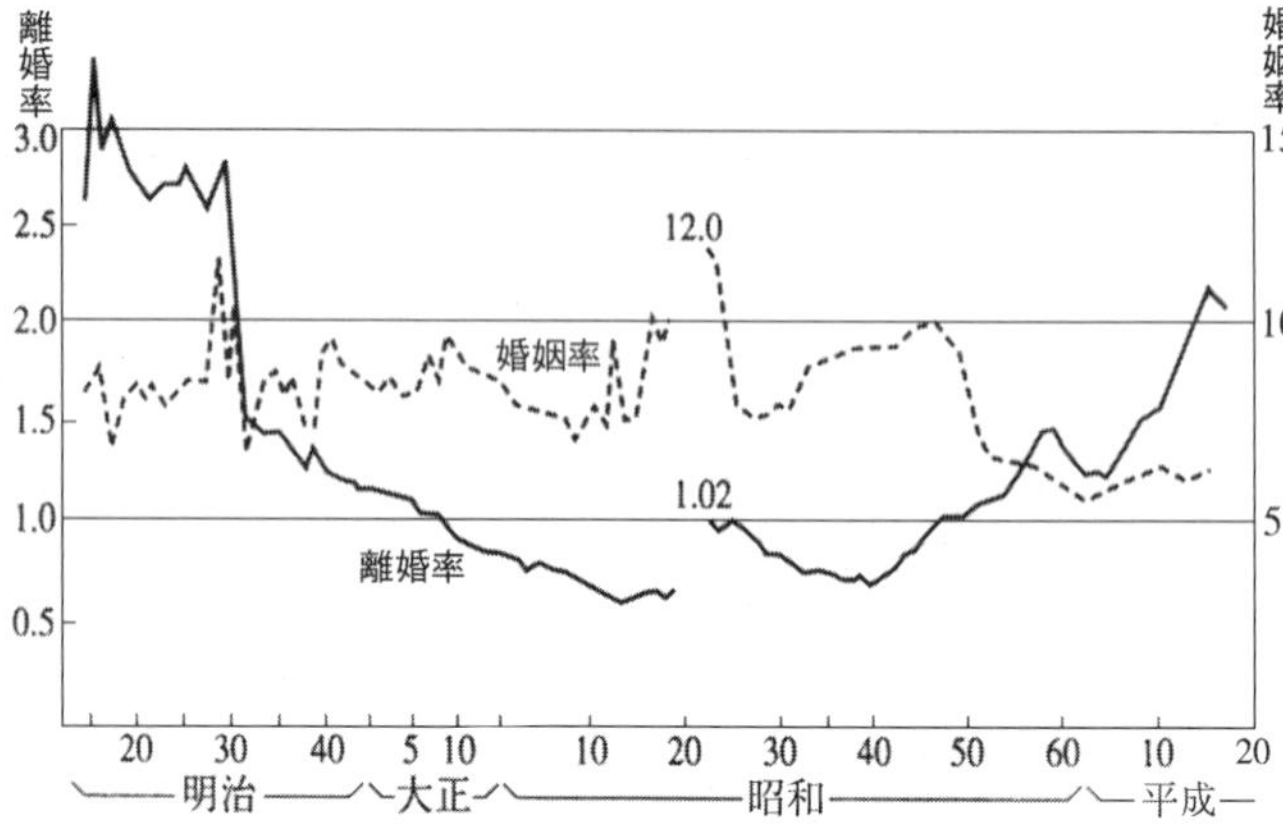

あった。これに対して最近（平成18＝2006年）のそれは「2・04」であって、最近の方が3割近くも少ない。戦後離婚率が一番低かった昭和38年の0・73と比べると明治の方が4倍も多い。

しかも明治は23年だけが突出して高かったわけではない。明治20年には2・84、30年には2・87とずっと2・5から3・0の間を横ばいして高い率が並んでいる。少なくとも、明治30年までは戦後の日本よりはずっと高い離婚率が続いた時代だったのである。

今の日本人の常識を覆すこの事実はなぜだったのだろうか。これを考えるのが本章の課題のひとつである。

2　当時の諸外国

今から110年以上も昔のことになるが、この頃はどこの国でも離婚が多かったのだろうか。他国でも多いのならば、日本が多くてもさほど不思議なことではなくなる。ところが、この予想も当てはまらない。ほぼ110年前の19世紀末に全国的な離婚統計が取られていた国は非常に少なく、当時の先進国といえるアメリカ、フランス、ドイツなど少数の国だけであった。1897（明治30）年の数字をまとめた図表2でわかるように、イギリス＝0・02、ドイツ＝0・15、フランス＝0・25と非常に低くて当時の日本の1割にもならない。一番高いアメリカ＝0・70でも日本の4分の1程度であった。これらに比べて日本は飛び抜けて高く、世界一の離婚王国なのである。日本の数値を知った外国の研究者からは注目を浴びるほどであった。

これらの国々で離婚率が低かった原因はかなりはっきりしている。それらはすべてがキリスト教徒が大部分を占める国で、離婚を原則として禁じている基本的な教義「神の合わせ給えるもの人これを離すべからず」（マタイ伝）という教えを忠実に守る

図表2　1897年前後の各国の離婚率

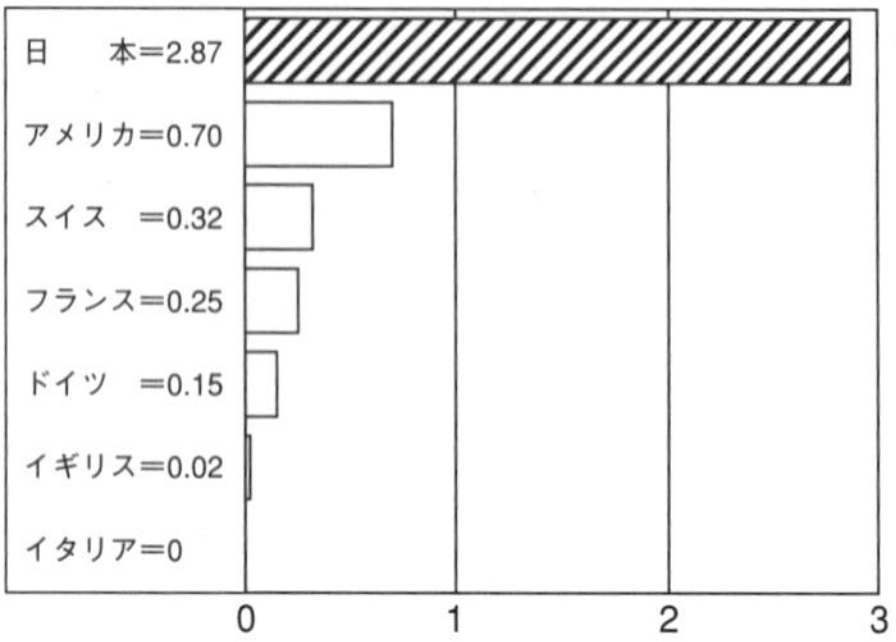

人が多かったことが第一である。その他の有力な国でカトリック・キリスト教を国教としていたところ、例えばイタリア、スペイン、ロシア、アイルランド、チリなどでは「離婚法」そのものもおかれていなかったから、離婚は1件も起こらないことになっていたのである。

第二の理由としては、離婚法が存在した国でも、手続きは厳格で必ず裁判所の判決を必要とし、判決には有責主義の立場から極めて制限的であったから離婚しにくかったのである。有責主義については5節で説明する。

3　日本で多かった理由

これに比べて、日本はなぜ多かったのだろうか。

(1) 一般論の誤り

誰しも、その原因を知りたいところだが、直接答えられる材料に当たるものはもちろんない。間接的にどう推測するかである。

戦後まもなくの昭和30年、社会学者大塩俊介氏は、一般的な要因として、①明治31年までは結婚も離婚も地方的・慣習的な承認にまかされ、法律上の干渉は全く存在しなかったこと、②日本独自の家父長的家族下の離婚は男子専制的・家本位に行われたこと、③キリスト教のような離婚を否定する罪の意識が欠如していたこと、の3点を挙げている。

一応常識的で妥当な見解のようにみえるが、細部については納得できない点が多い。まず①点について。たしかに明治31年7月の民法施行までは婚姻・離婚についての統一法典がなかったが、戸籍法は存在し、戸籍事務担当者は婚姻・離婚についても疑問を抱くと中央政府へ質疑して、政府は30年間に7400件もの指令・回答・決裁などを与えた。地方機関はこれに即して処理していた。断片的で不統一ではあったが、法律上の干渉が一応あったというべきなのである。

②点についても、大筋は共感できる。しかし、実際には妻側からの離婚請求もかな

りあった。また、この男子専制的・家本位という大きな背景は、明治31年に民法が成立したことによって前よりもさらに強く、その民法が続いていた昭和20年までは継続していたのだから、明治30年までだけがとくに高かったことの説明にはならない。

③の点についても同様である。キリスト教徒が少なかったのは事実だが、実は明治30年代以降においても信者がとくに増えたわけではないので、明治前半にだけ離婚が多かったことの理由にはならない。

むしろ、6世紀以降大半の日本人が帰依していた仏教は、離婚をどう教えてきたのかが問題になる。もともと釈迦の教えは絶対なるものの否定で、固定的な自我を否定する原理をもっている。それに快楽主義も禁欲主義も否定して、むりなことの強制はしない。中道の実践を通して安住の境地の訪れを説いているので、実は離婚も、それ以外方法がなかったら構わないと受け取れる。僧侶や仏教界が、庶民の離婚や再婚を抑制してきた経過を見ることはできない。そこで一口で言うと、仏教の影響はほとんどなかったということになろう。

結局、こういった一般的な解釈は、積極的な理由付けにはならないのではなかろうか。

（2）地域別の特色

帝国統計年鑑には、最古の県別統計として明治16（1883）年から20年に至る5年間の道府県別離婚率が掲載されている。それを地図の上に描いたのが図表3である（ただし、奈良県は大阪府に、香川県は愛媛県に含まれている）。

図表3　都道府県別の離婚率（1883-87年の平均）

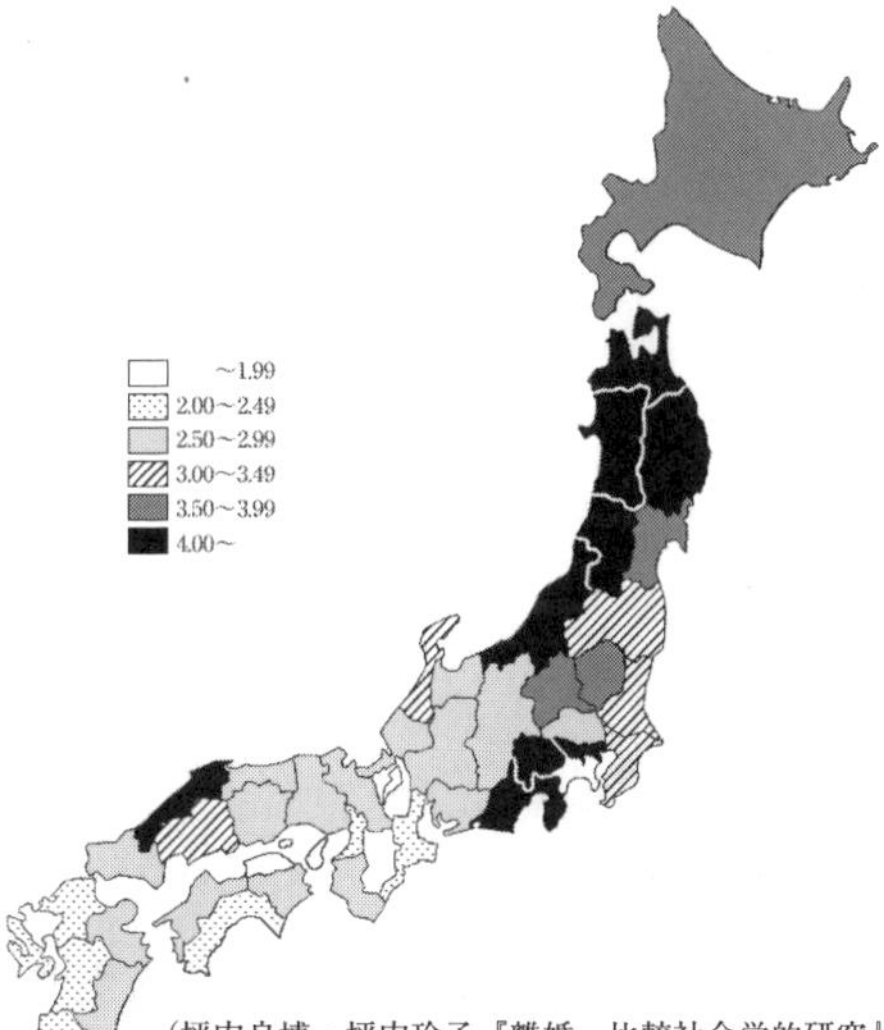

（坪内良博・坪内玲子『離婚—比較社会学的研究』154頁より）奈良県・香川県は統計がない。

一見して明らかなように、かなり明確な地域差がある。地質学で有名なフォッサマグナライン（中央地溝帯）で分けたようにと言いたいほど、本州の中央部を境として、東側では離婚率が高く、西側では低い府県が多い。例外として、東側では北海道・埼玉・神奈川が平均より低く、西側では島根・広島が高い。

注目すべきは、東京は別として、

当時大人口を抱えていた愛知・京都・大阪・兵庫などの府県の率が低く、農業県と目される青森・岩手・秋田・山形・栃木・群馬・新潟・山梨・静岡などの諸県の離婚率が高いことである。つまり、当時（明治10年代・20年代）の離婚は、（東京は例外として）都市住民によって行われたのは比較的少なく、農山漁村の住民によって多く行われていたのである。

そのほか、離婚率の高さが目立った東北地方の統計的な特色として、次の諸点が指摘できる。

まず、平均初婚年齢が男女ともきわだって低いことである。わが国最初の初婚年齢統計と思われる明治15年のそれによると、福島を除く東北5県の初婚年齢は男女ともきわだって低く、とくに岩手県の夫17・07歳、妻14・09歳は統計が判明していた24府県の当時の平均よりも男女とも5歳も低いという早婚であった。24府県の平均そのものも、現在に比べても、当時の外国水準に比べても4～7歳若いのであるから、驚くべき早婚が盛行していたというほかない。これから15年のちの秋田県統計書にも、明治31年中の結婚には、13歳未満42、14歳未満387、15歳未満687、16歳未満1、144と記録されている。これらの結婚が適法なものとして受け付けられていた。このため、当時の結婚論の主要主張は「晩婚のすすめ」であった。これは、九州7県に比べれば3倍近くも婿養子婚が多かったという第二の特色に結びついているが、結局この早期婚姻は、未熟さを利用しての婚家への無条件の定着を図る面（それもかなり多かったであろうが）よりも、未熟さゆえの早期追い出し離婚の方へ作用したようである。その背景には、明治期における東北農家が西日本農家よりも、経済的にも家族構成的にも同族結合的にも巨大であって、何よりも嫁が労働力として期待されながら、同居の親族の意に副わないときは、判断力も耐性も乏しいために簡単に離婚されたであろう条件があったことを勘案しなければならない。

(3) ふつうの人の結婚観

この時期の離婚率の高さの担い手は、農山漁村の庶民夫婦であるということになる。その模様を、新聞記者という第三者の目から見たものを2つほど紹介してみよう。

兵庫県淡路島の例として、明治19年に次のような記録がある。

「潮浦辺では、女中をおくような軽い気持ちでの結婚だから、男が気に入らなければすぐに女を追い出して何人もとりかえる。女の方でも気に入らなければ、すぐに出てよその家に嫁入ってしまう。このような風習は淡路島全体にあることだ」

また、明治20~30年代は北海道西南部にある漁村が、ニシン漁の最盛期を迎えて大変な賑わいを呈していた。その基地の一つ江差港にあった地方紙の江差日報は、明治32年1月1日次のような記事を掲載している。その大意はこうである。

「方々で、自分はどこそこの家の婿養子になって1年ほど辛抱していたとか、あの娘と3年だけ連れ添ったとかいう話をよく聞く。東北地方から出稼ぎにきた者を、良い若者だとか仕事は上手だとかおだてて、簡単に婿養子にする例が多い。しかし、待遇はすこぶる悪い。ある漁業家は、難船して婿が死んでも嘆かず、沈んだ道具に対して涙を流していたが、そのようなものだ。だから、夫婦の間にも愛情などはない。例えば、女と女が久しぶりに出合ったときの挨拶でも、あんたはまだあの男と一緒にいるのかと呆れられるのが普通だ。夫婦というものは一時的なもので、日割り勘定して別れたという例もある。もっともこういった傾向は、漁村だけではなく、北海道一般にある習慣だ」

地方だけでなく、東京府もまた離婚率が高い地域だった。そのようすはどうか。東京府が明治12年の年間統計を発表したことがある。それによると、結婚した男＝

6、339人、女＝8、667人、一方離別した男＝3、406人、女＝4、203人であった。当時の東京府の総人口が96万人のころである。男女の差が大きすぎるので少々信用し難いが、とにかく離婚の割合が非常に高いことの想像はつく。『交詢雑誌』の解説者は、その離別の原因として、志慮不定（考え不足）、貧困、制圧（暴力）、離別容易ノ情状（離婚を平気とする風潮）の4つを挙げ、「離別ヲ以テ毫モ恥辱悲嘆ノ念ヲ脳起スルニ足ラサルノ事情」と結んでいる。

都市でも農漁村でも大多数を占めるふつうの男女は、それまでの世間のしきたりにおとなしく従って、親のすすめる縁談に身をまかせるのが一般だった。そこにあるのは、「年頃だから」「家柄がつりあった」「よく働いておとなしい」ことへの配慮だけで、性格が合うとか、異性を求める気持ちとか、強い愛情などは全く問題外だった。だまって暮らしていても、近所に世話好きが必ずいて、結婚に到達するよう努めてくれた。

結婚が生活の手段の一つであり、義務であるというそのあたりの心情を、作家佐藤愛子は自分の父佐藤紅緑が明治29年に仙台で鈴木ハルと結婚したときのことを、『花はくれない　小説佐藤紅緑』の中でまことに的確に表現している（愛子は父親と後妻との間の長女である)。

「一人の男が一人の女と結婚した。男は二十三歳、女は十九歳である。この結婚を望んだのは男の方というわけでもなく、また女の方というわけでもない。二人のまわりの人間の誰かが、特に望んだということもない。年頃の男と女がそこにいるのに気がついて、ある日誰かがふと思いついた。年頃の男と女がいれば、結婚をさせるのがおとなというものの義務だと思っている連中がそれに賛成した。そうして二人は結婚した。特別の愛情も打算というほどのものもなかった。いわば慣習が二人を結婚させたのだ」

ハルは儒医の末娘、ふつうに従順でふつうに世間知らずの娘、紅緑の方は地方新聞の婦人家庭部の主筆、才気縦横、機敏に働く様子から、ハルの姉が新聞社長夫人であることにつけこんだ政略結婚ではないかとの噂が立った。これに対して一向に無関心だった紅緑の気持ちを、佐藤愛子はこう綴っている。

「だが紅緑の方はそんな憶測に一向に無関心だった。結婚は彼にとって、人生の一些事に過ぎなかったからである。女が男の人生に、与えたり奪ったりするものなど何もないと彼は思っていた。結婚は生活上の便宜なのだ。悪妻であろうと良妻であろうと、きりょうが良かろうと悪かろうと、どうでもよかった。女は女である。道端に咲く野花のように小さくあわれなものである。女は男に従い、男は女を養い、性欲を満たす。結婚とは彼にとってただそれだけのものだったのだ」

これは当時の活動的な男性の感情を率直に表現していると思われる。女性の方は、配偶者に人生を左右される可能性ははるかに高いから、もう少し強い関心をもったであろう。だがそれも、生活の場や金銭の保障を考えるものにすぎず、「生活手段としての結婚」という点においては男と大差なかったといえる。

そして、ひとたび結婚したらどんな困難があっても生涯添い遂げようという「永続的結婚観」などは全くもち合わせていない男女が多かった。これが離婚多発についての私の一番の理由付けである。

4　有識者の批判

ところで、明治16年の全国統計がどのような形で公表されたかは明らかでないが、福沢諭吉はさすがに素早く反応して、19年7月28日の『時事新報』に「離婚の弊害」

と題する論説を発表した。今の言葉にまとめると、こういうことになる。「西洋諸国では離婚を嫌い、実例も乏しいものだが、日本では離婚が容易で実例も非常に多い。下層の男女がすぐに別れることをだれも怪しまないばかりか、上層の良家でも離婚しないのは偶然の幸いと言われるほどだ。妻に罪がない場合でも、自由勝手に離婚する。一人が何度も再婚する例も少なくない。そのため明治16年の離婚数は結婚数の3分の1以上もある。実に驚くべきことではなかろうか」

また、同年3月の『女学雑誌』の巻頭には

「婚姻は一生中の最大事なるを、主人が下婢を雇ひ、下婢が主人に行くやうの心得にて縁を結ぶ今の有様は、此上もなく歎くべきものの極なり。始この如くなれば、終の克からざるも当然にて、離縁離婚は今の我国に普通の習慣となり、人も見て怪まざる程の有様となれること亦た悲しむべきの至りなり。斯る弊習を改むるの大切なるは言ふまでもなきことなれども、実際の改良の効を見るは一朝一夕の事ならねば、先づは、かかる弊習より起る女権の屈辱をすくふために、政府にて婚姻条例を発布し、可成く離婚を制止されんことを請（こ）う」

（『女学雑誌』17号81頁社説　明治19年3月5日）

＊注　下婢とは手伝いの女性　離縁離婚とは離婚を強調する言葉との訴えが載るなど、自覚のない一般人はともかく、日本の離婚率の高さは有識者には十分知られていたようである。

5　その後の動き

しかし、この高い離婚率は、明治31（1898）年7月16日に民法が施行されることによって、31年と32年に急速に低下し、30年の2・87は32年の1・50にほぼ半減してしまった。これだけ激しい変化は前後に例がない。

離婚の手続としては、婚姻に見合う簡単な手続きがとられた。一方が反対の場合には裁判を提起する道も開かれたが、99％以上の夫婦は話し合いだけですむ「協議離婚」を利用した。これは、社会的に弱い立場の妻を、強い立場の夫が追い出すこと、すなわち「追い出し離婚」に利用されたといわれる。しかし届出には、婚姻時に同意した者の署名も必要であり、役場のチェックも厳しくなったためか、民法施行後の離婚数は、その前年までの半分に減ってしまった。また、少なくとも法律上、離婚は夫婦二人だけの問題になり、親・親族・地縁集団の介入は排除された。それまでは、離婚訴訟においても、父母・親戚が共同原告になることが義務付けられていたのである。表面上は、親が先立って離婚を強いる道はふさがれたので、子を離婚させることを諦めた親も多く出たであろう。このことも、離婚を減少させる原因となった。たしかに民法制定の効果は、大きかったのである。

その後も、太平洋戦争の最中まで離婚率は下がり続けた。これらは、表面的には日本人夫婦が民法に忠実で平穏に暮らすようになったからと一見思われる。しかし実際には、民法によって女性は相続権・親権・財産権・営業権などの一切の権利を奪われ、独立して生きるだけの保証がなかったので、離婚し難い情勢が進んだからだと私には思われる。

他の先進諸国では、近代的思想の向上とともに女性の権利が少しずつ拡大され、女性の自覚も高まって、近代化とともに離婚率は向上しつつあった。日本のみが、これとは逆に離婚率は低下の傾向をたどってきた。それは、大正・昭和戦前期に女性の人権がかえって非近代化したことのあらわれだったのである。

とくに、欧州先進国では１９４０年代から50年代にかけて（アメリカはもっと早く

1910年代から）離婚率は急激に上昇してきた。

これには、性意識の変化、科学の進歩による旧来の習慣の打破、宗教信仰の衰退、快楽追求意欲の強まりなどいろいろな原因が絡んで「死せる結婚よりも生きた離婚を」の叫びが強くなってきた。

そのため、多くの先進国でとってきた離婚法の伝統的な基本理念を変えざるを得なくなってきた。それまでは、夫婦の一方の非人道的行為がひどくて、他方がそのひどさに耐えきれなくなったときに、その他方の人間が離婚を求めた場合のみ、罪のない善人を救済するという観念で離婚が許されるという「有責主義」が原則であった。法定離婚原因を「極端な虐待」とか「相手方の姦通」「意図的な遺棄」などのわずかな項目に限り、相手方の打撃を受けて気の毒な状態にある善人を救う構図になっている場合のみに離婚の判決を下した。これに該当しなければ、夫婦の実態がどんなに壊れていても認めないのである。

しかし実際には、ひどく破綻して同居もできない夫婦は増すばかりになり、第二次大戦後は形式的な有責主義はナンセンスだという声がどこの国でも強くなってきた。そこで「一定の継続的別居期間」さえ証明されれば夫婦は破綻したものとして離婚を

図表4　各国の離婚法改正年（有責主義から破綻主義へ）

1953年	ニュージーランド
1961年	オーストラリア
1963年	チェコスロバキア
1964年	ポーランド
1965年	ソビエト連邦
1966年	東ドイツ、アメリカ・ニューヨーク州
1968年	ブルガリア、カナダ
1969年	イギリス、スウェーデン、アメリカ・カリフォルニア州
1970年	デンマーク、イタリア（離婚法新設）
1975年	フランス
1976年	西ドイツ
1978年	オーストリア
1981年	スペイン（離婚法新設）
1987年	アルゼンチン（離婚法新設）

認める「破綻主義」の原則をとるように変わったのである。それが実現された年度と国名は図表4のとおりである。

またカトリックの強い規制から離婚法そのものもおいていなかったイタリア、スペイン、アルゼンチン、アイルランドなどの国々も、1975年以降離婚の規定を新設するように変わった（しかし、フィリピンなど一部の国では、依然として離婚法をおいていない）。ところで、図表4の中には日本の名前が見えていない。なぜだろうか。

日本では、昭和23（1948）年民法からすでに法定離婚原因の中に「その他婚姻を継続しがたい重大な事由あるとき」という緩い規定を設けていることのほかに、両者の協議で離婚できる「協議離婚」の制度をおき、実際には9割以上の離婚が理由を問わないこちらの手続きが使われているから、改正の必要がなかったのである。

それでいて、日本の最近の離婚率は、国際的にみれば決して高い方ではない。ロシア・アメリカなどに比べればその4割くらいで、中の下程度におさまっているから、まずまずといってよい。

(なお、この問題についての詳細は、湯沢雍彦著『明治の結婚　明治の離婚』(角川選書・平成18年刊　1、500円)にあるのでごらんいただければ幸いである。)

子どもの健康と家族

高野　陽

はじめに

子どもの健康には、一般に三つの因子が影響するといわれている。すなわち、子ども自身が持っている因子、子どもが生活している環境の因子、そしてその子どもに対する養育に関する因子である。これらの三つの因子全てに家族が関わっている。このように、子どもの健康状態や生活には、いかに、家族という存在の影響が大きいかが認識できよう。もちろん、その影響は良いものもあれば、良くないものもある。良い要因であれば、子どもの健康がますます増進され、逆の場合には、子どもは当然のことながら何らかの健康障害を受ける。そこで、子どもと家庭・家族の関係について、子どもの健康という視点から考察することにしたい。

I　小児医学・小児保健学的に見た子どもの特徴

1　子どもの区分とその名称

ひと口に「子ども」といっても、その「子ども」を扱う分野によっては、対象となる年齢に違いがあり、さらに「子ども」の年齢区分によっても名称が異なる。ここでは、医学・保健学の領域における年齢区分別の名称を示す。

医学や保健学の分野では、「子ども」を「小児」ということが多い。医療機関で、小児科という診療科があり、誰もが少なくとも一度ぐらいは受診の経験があろう。また、「子ども」の健康管理を行う保健活動を「小児保健活動」という。さらに、「子ども」の健康は母親（何も妊産婦や育児中の女性に限定しない）の健康や生活と密接な関係があることから、「母子保健」という領域の学問体系や実践活動がある。一般の人には余り聞き慣れない言葉かもしれないが、保健所や市町村保健センターに行くとよく耳にされるであろう。また、「児童」という言葉もよく聞く。福祉、教育の場において用いることが多い。例えば、「児童福祉」という用い方であり、この対象となる年齢は、一八歳未満である。一方、教育現場では、「児童・生徒」として、この場合の「児童」は小学生を指すことが多い。医学の分野では、この時期を小児期として扱うことになっている。

2　小児の年齢区分と名称

筆者は、東洋英和女学院大学においては、小児保健学や小児栄養学に関係する科目を担当している。授業の最初の時間に、学生達に「小児」とは、何歳までを指すかを必ず質問する。皆はいろいろな年齢を答える。そこで、さらに、「あなたたちは、何歳まで小児科で診てもらったの？」と尋ねる。「小学生のころまで」が多く、中学生になると「内科」で診てもらったと答える学生が、急に多くなる。その答えに引き摺られて、「小児」も大体この時期までを指すと答える学生が多くなる。ちなみに、この学生達の多くは、保育士や幼稚園教諭を志している。

さて、「小児科」や「小児保健」・「母子保健」では、この「小児」という対象の年齢は、一体、何歳までを指すのであろうか？　我々は、その「子ども」が成人に達するまでの期間を対象とすることが多い。さらに、出生前の時期、すなわち母胎内で

「生きている時期（母親の立場では、妊娠期間である）」も対象としたいのである。何故ならば、「子ども」というものは、突然にこの世に出現するのではない。受精後に受精卵が子宮内で育ち、「人間」としての形と機能を持ってはじめて、分娩によってこの世での生を受けることができる。この出生前の時期は非常に重要であり、生後の健康や生活にとって大きな影響をもたらす。我々、「子ども」を扱う者にとっては、生後の育ちと同じように、この時期の胎児の育ちについては大いに関心をもたねばならない。

さて、「小児」の年齢区分とそれぞれの時期に用いられる名称を挙げると、次のようになる。

①胎芽（妊娠八週）・胎児（妊娠九週以降出生まで）
②新生児：（生後四週（未満二八日）未満：うち生後一週未満を早期新生児
③乳児：生後一年未満
④幼児：満一年以降就学前（六歳まで）
⑤学童：小学生（児童ともいう）
⑥生徒：中学・高校生

⑦思春期：性成熟に伴う身体（二次性徴）及び精神面の変化の生じる時期（個人差が大きく画一的な年齢区分は不可能であるが、一般に小学校高学年から成人に達するまでを思春期という）

この期間を「小児」として小児科や小児保健・母子保健領域の対象としている。最近、小児科に行くと、小児科の対象は思春期までと提示している。これは、何も、儲けるために対象の枠を拡大したのではない。思春期の子どもの心身の健康には、幼いときの心身の状態や育ち・生活が影響を及ぼしている問題が多いので、乳幼児期の心身のことに詳しい小児科医が担当したほうが、より効果的な対応ができるからである。特に、慢性疾患をもつ子どもにとっての適切かつ効果的医療には、思春期、二〇歳までの継続した対応の枠が拡大されている。

3　小児期の特徴

小児期にはいろいろの特徴がみられるが、最も大きい特徴としては、未分化・未熟性が見られることである。これは心身の両方に認められることである。この未分化・未熟性が、疾病異常や生活面にも影響を及ぼすなど、小児期にみられるいろいろの現象の原因ともなる。しかし、その子どもは、いつまでも同じ未熟で未分化な状態に留まっているのではなく、常に分化して成熟した状態に近づくように変化するのである。すなわち、成長（発育）・発達という現象が見られる。これは非常に重要な特徴であり、小児期の最も基本的な特徴である。

この基本的な特徴は、生物である人間には共通の現象として出現するが、順調に成長（発育）・発達が進むには、適切な「育て」が不可欠である。ここに家族の重大な機能が存在することになる。換言すれば、子どもは「育て」を必要としていることも子どもの基本的特徴である。この「育て」は出生前からも欠くことができない。健康な出生児は、心身ともに健康な母親によってその胎内で育つからである。

なお、成長（発育）とは身体の形態的な成熟過程をいい、発達とは身体の機能的成熟過程をさす。成長には、身体つきや臓器器官の構造の変化とともにそれらの大きさの成熟という因子が含まれる。発達とは、身体の各部位・各臓器器官の働きの変化をいい、精神運動機能・生理機能・免疫学的機能などが含まれる。しかし、一般に発達というと、知的、言葉、運動などの上達を指すと思われている。精神運動機能は脳神経系の機能発達の一つの現象である（このようにいうと、がっかりする人が多い）。

この成長と発達とはまったく無関係ではなく、相互に非常に密接な関係を持っている。各臓器器官が持つその機能が十分に発揮できるためには、それらの臓器器官がそれ相応に形態的に成熟していなければならない。それ故、順調な成長を促すことは「育て」が基本であり、さらに順調な発達には適切な「育て」が不可欠であり、その「育て」には、家族の存在が大きいのである。

もう一つ、子どもにとって大切な特徴を挙げなければならない。それは、個人差が大きいということである。個人差は、大人にも見られるが、子どもにとっては無視できない。その個人差の形成は、先天性の要因と後天性の要因とによるが、年少の時期ほど前者の影響を強く受けて形成され、年長になるにつれて後天性の要因が個人差をつくるようになる。

Ⅱ　子どもの健康と家族

1　健康の定義

健康な状態とはどのようなことであろうか。健康の定義としては、ＷＨＯ（世界保健機関）のものが最もよく知られている。その定義は、「単に、病気にかかっていない状態、虚弱な状態ではないというだけでなく、身体的、精神的さらに社会的に完全に良好（well being）な状態にあることをいう。」とされている。

さて、このＷＨＯの定義を「子ども」にあてはめてみたい。その場合に、子どもの特徴である成長・発達とそれに基づいて実践される生活という視点で考察したい。健康な状態にある子どもには、次のような心身の状態と生活の状態をみることができると筆者は考えている。すなわち、

①その子どもなりの順調な成長・発達が認められること、

②その発達段階に応じた生活（ＱＯＬ）が確立しており、その生活に支障が見られないこと、

③その生活がさらに次の段階の成長・発達を促す土台になっていること、である。

2　子どもの健康の特徴

子どもの健康に関する特徴においても、先にあげた子どもの基本的な特徴が健康に

も影響しており、その影響は健康なときだけでなく、病気のときにも認められる。

まず、未熟性と個人差が大きいということを重要な影響因子の一つとして挙げなければならない。一般に、子どもは元気なときには、活発に動き、機嫌がよく、食欲も旺盛である。しかし、一寸でも、体調がよくないときには、子どもの年月齢が小さいほど、これらの状態の現れ方が平常とは違い、これらの状態に乱れが見られる。ここにも未分化という状態がみられる。子どもが成熟するにつれて、症状の現れ方に分化が認められるようになる。このような状態にいつもとは異なる変化が生じることも子どもの健康に関する特徴の一つである。このような些細な心身の状態の変化を適切に判断することは、子どもの悪化した健康状態の早期発見につながり、この判断ができるのは、子どもにとって最も近い存在である家族、特に親である。ここにも家族が、子どもの健康における重要な要因として顔を出している。

心身の未熟性が、病気の原因と種類、病気の症状、経過、予後等に影響を与えることもよく知られた事実である。臓器器官の形態的及び機能的な未熟性は、子どもの年月齢が小さいほど病気の原因となりやすい。また、子どもでは、成熟するに伴って、同じ病気でも、病気の症状に変化が見られることがある。その一例として、小さいころには、かぜをひくと「ぜーぜー」(喘鳴)していたものが、大きくなるにつれて、そのような状態が見られなくなることがある。成熟によって、気道の解剖学的成熟とともに、加齢によって気道の粘膜にも発達した状態が生じたためである。

一方、子どもが病気になったときにも、子どもの治療においても心身の成熟状態が重要な要素となって作用する。例えば、投薬される薬の種類や分量、投薬方法については、もちろん、病状によって決められるが、その病児の成熟の程度によることも多い。さらに、病気の回復には、その子ども自身の抗病性の発達程度にもよることは否定できない。

3　子どもの健康に及ぼす要因

(1)影響因子

子どもの健康に及ぼす影響因子は、大きく次の3つに区分できる。

①子ども自身の条件:それぞれの子どもの心身の状態で、遺伝をはじめとした先天的要因と後天的要因がある。もちろん、先に述べた成長・発達の状態もあるし、体質・気質、既往症、などと多い。

②環境条件：これは、大きく自然環境、社会環境に区分できる。前者では、子どもが生活している場（特に、保育所・幼稚園などの集団生活の場）、地理学的条件や気象・気候等がある。後者には、生活の場（地域といってもよい）の人口・行政・医療福祉保健・教育等の条件があり、流通機構も一つの要因である。また、地域住民の子どもの健康や育児に関する意思や知識、地域の産育風習も重要な要素と考える。

③養育条件：子どもが育てられる際の種々の事態を指す。このなかに家族の子育てに関わる条件が含まれる。また、家族の養育に影響をもたらす社会経済的条件も含むことが必要と思われる。今日では、家庭以外の場所で育てられる子どもが少なくないし、学童期以上では学校も一つの養育の場であり、そこで子どもに接する人材とその人のもつ子育て意識も重要な条件となるものと思われる。

（2）家族の養育条件の形成過程

上記の養育条件の中でも家族の養育条件について、もう少し検討したい。養育条件によって、親や家族は具体的な子育てを行う。そのときの行動や意識を養育態度ということが多い。

その養育態度の形成のためには、種々の要因が関与すると考えられる。それについて検討することによって、家族と子どもの健康について考察したい。形成要因は、①子育ての対象（子ども自身）の条件、②子どもを育てる人の条件、③子どもとその育てる人の生活の場の条件、④時代の条件、等に区分できる。これらの条件が単独に関与することもあろうが、実際は非常に複雑に多角的に影響しあうものと考えられる。しかし、子育てを直接受け持つ人が、これらの複雑な要因をどのように受け止めて、要因といかなる関わりを持っているかということになるといえる。これらには、

①子ども自身の条件：性別、出生順位、年齢、出生前の状態、出生時の状態、生後の心身の状態（健康状態、成長・発達状態等）、等

②養育者・他の家族の条件：家族構成、子どもとの続柄、年齢、心身の健康状態、生活状態、職業（就労条件）、経済状態、学歴、子ども観、子どもの健康観、ｔ育児技量、養育者に対する支援状況、等

③地域の条件：右記の条件

④時代の条件：人口構成・行政体制・教育・経済・社会風潮、等の時代による実

態（例：少子高齢時代のもたらす状態）

などがある。

4　子どもの健康と家族

既述したように、子どもの健康には、子ども自身の先天的条件の影響はいうまでもないが、家族の持つ種々の条件が最も密接に関係しているといえる。子どもの健康と家族の健康や生活とは相互に関係し合っていることも否定できない。すなわち、家族から子どもへの影響と子どもから家族への影響である。

家族から子どもへの影響の一つとして感染症について考えてみよう。子どもと最も密接に「付き合っている人」は家族である。それ故、かぜ等も家族から感染することは容易に予想される。かつては、家族内感染の代表的な病気としては結核であったが、家族の中で子どもに最も身近な存在である妊娠中の母親から感染する病気も忘れることはできない。それを母子感染（垂直感染）といい、Ｂ型肝炎、ＨＩＶ・ＡＩＤＳ、成人型Ｔ細胞白血病（ＡＴＬ）が、その代表的な病気としてあげられる。

勿論、感染症以外にも、家族の影響を受ける疾病異常が多く、むしろ、そのほうが多いといえる。感染症以外にも子どもの病気は、家族の養育条件の直接的、間接的に影響を受けているといっても過言ではない。我が子の発育・発達状態やそれに伴う衣食住のあらゆること（育児・生活といってもよかろう）に関する理解不足や無知による養育状態の結果として、子どもの健康障害が発生するのである。例えば、予防接種を拒否して受けなかったために感染症に罹患させたこと、子どもの消化機能の未熟性を理解せずに食事を与えれば消化器系の疾病の発生につながること、それらは容易に理解できる。

子どもの事故は、小児保健上非常に大きな問題である。その事故の発生には、子どもの発達との関係は大きいが、家庭内での事故の多くは養育に原因を求めることができる。すなわち、事故の発生時には子どもの近くに家族がいたことが多い。それは、家族の子どもの発達状態を十分に認識しない不適切な環境整備、不適切な玩具の選定や遊び、などにたどり着く。

また、子どもの心の問題や精神保健的な問題（例えば、思春期に多い摂食障害）の発生には、養育態度の関与が重要な原因となることが多く、今日大きな社会的問題にもなっている子どもに対する虐待も、その典型的なものであろう。養育条件としては、近年、母親の社会進出が多くなり、乳児期、それも産休明けから保育生活を送る子どもがおり、一日のある時間帯を家族とはなれて暮らす子どもが多い。子育てを他人任せだけにするのではなく、子どもと接する時間をどのようにすごすかが、子どもの心身の健康問題に大きく関わることになろう。

一方、子どもの健康状態が、家族の健康状態や生活に影響を与える。子どもの感染症が家族に感染すること（二次感染）も決して少ないことではない。感染症に限らず、子どもが病気になったときには、家族における心情的、経済的、社会的な影響も小さいものではない。その結果、家族の生活に乱れが生じる原因にもなり、家族に健康障害の発生が認められることも多い。先天異常、未熟児、障害を持つ子どもを育てる親の中には、そのことに罪悪感を持ち、育児に影響を与えることがよく経験される。

子どもが病気のときの養育条件も留意すべき事態といえる。就労している親にとって、子どもの病気は非常に重大な問題であり、その問題の解消のために病児・病後児保育が実施されているが、このことは子どもにとっていかなる問題があるのかについては、本格的な検証は行なわれてはいない。また、入院中の子どもの世話に、親が必ずしも付くことができない完全看護を標榜している医療機関も多い。病児と家族の関係についてのよりよいあり方を検討すべきであろう。
　このように、子どもの健康状態は家族との関係とは不可欠の関係を持つのである。

5　家族関係と子どもの健康

(1) 母子関係と子どもの健康

　母と子の関係は、出生直後から形成されるように心がけられている。よい母子関係は、子どもはいうに及ばず、母親にも心身の健康の増進に有効である。生まれてすぐに、新生児は母親の胸に抱かれ、おっぱいを吸わせてもらう。この早期接触・早期授乳が母子関係の確立に大きな役割を果たし、分娩後の母乳分泌にも有効といわれている。母乳栄養の長所の一つに、子どもだけでなく、母親の精神安定にも有効で、それがよい育児に発展することにもつながる。この早期授乳が親子関係、家族関係の確立に重要で、子どもの心の健康増進に有効であることも理解できる。

　愛着(アタッチメント)の形成が、子どもの心の健康に大きく貢献し、子どもの育ちには不可欠なものであるといわれている。愛着の確立はよい母子関係の確立であり、子どもの順調な精神発達にも大きく影響し、子どもが安心して遊べるのも愛着が確立しているからこそである。母親が自分にとって安全地帯というべき存在であることが、子どもの心身の健康につながっていく。

近年、育児不安の強い母親、家族が多いことが指摘される。育児不安は誰もが経験することであるが、母子保健領域では特に今日多くの機会において、その育児不安が不幸な事態の発生原因となる場合も多いことが指摘されている。強い育児不安の発生にはいろいろの原因があろうが、今日の時代の条件である核家族化、少子化があると筆者は考えている。これらによって、子どもについての的確な知識の伝達が不足し、育児支援の欠如がもたらされることが多く、育児不安に拍車をかけることになる。

（2）子どもに対する虐待

子育てをめぐって社会的な問題になっていることの一つに、子どもに対する虐待があげられる。この虐待の多くは、家族に関わる重大な問題である。虐待は四つに分類でき、①身体的虐待（子どもに対する暴力）、②心理的虐待（言葉などによる精神面の虐待）、③ネグレクト（不適切な養育によって健康を損ねる）、④性的虐待（性行為など）である。厚生労働省の統計によると全国の児童相談所に寄せられた相談件数は年々増加傾向にあり三万件を超え、そのなかでは身体的虐待とネグレクトが多く、性的な虐待についてはなかなか表面に現れない。

　虐待の原因には、親や家族の養育条件が問題であり、妊娠にまつわるときからその兆しが窺われる。その他、望まない妊娠、望まない出産が、虐待発生要因の一つになっている。また、子どもという存在について無知な事例、育児不安、感情のコントロールができない、緊急問題に対する解決能力が低い、等といった大人の未熟性が要因となっている場合、家庭の経済上の問題、若年家庭・一人親家庭や夫婦関係上の問題（内縁・継父母など）、母親の精神疾患・アルコール依存・病弱、家庭に対する育児支援の不足や欠如（孤立した親子）、などの家庭に問題があるケースが多い。さらに、子どもにも要因があり、親にとって育て難い子（育児困難児）が虐待の対象になりやすい。この例としては、未熟児、先天異常のある子ども、多胎児（虐待の対象となるのは、そのうち一人が多い）、発育や発達に障害のある子ども、病弱な子ども、等があげられる。

（3）虐待対策と家族

　虐待については、家族と虐待を受けている子どもとの双方に対する支援が期待される。その支援が適切であるための前提としては、まず、虐待の早期発見に努めることが必要である。発見に関しては、子ども自身の心身や生活の状態に目が行きがちになるが、家族の態度も重要な要因である。特に、親の虚偽の言動を如何に巧みに見抜くかということである。そして、子どもの保護が実践されなければならず、そこに専門家、専門機関が的確に機能しなければならない。虐待に対しては、子どもの保護や心身の健康状態の改善策を講じることは言うまでもないが、親子の関係の修復ができたならば、再発防止対策が不可欠である。

しかし、このような事態の発生を未然に防ぐこと、換言すれば、予防対策の確立が非常に重要な条件となる。それには、妊娠中からの、早期の家庭、家族に対する支援が望まれる。それで、多くの地域では、母子健康手帳の交付時から支援を行い、出生後には生後四か月までに出生児全員に対する家庭訪問を行なっている。これを「こんにちは赤ちゃん事業」といい、二〇〇七年度から開始された。また、虐待に対しては、市町村には要支援児童協議会（虐待防止ネットワーク）が設置されているし、市町村の保健センター・保健所、医療機関、児童相談所等の関連機関の個々の機能の確立と相互の連携が期待される。

このような行政による支援と同等に期待されるのは、一般地域住民の近隣の子育て家庭に対する支援である。少子化、核家族化が虐待の誘因といわれており、地域で子育て家庭、子育て中の家族に対する支援を行なうという意識が今後育つようになることが必要であろう。

Ⅲ　終わりに

家族という観点から、今日発生している子どもの健康問題を検討した。子どもの健康は、何歳になっても、すなわち、出生前から思春期に至る各時期において、家族の条件の影響を受ける。よく、子育てが終わったから、「働きに出る」、「自分の好きなことをする」という母親に出くわす。子どもにとって家族、家庭の意義を、心身の健康の観点からもう一度見直す機会を持って欲しいものと考える。

医療経済学から見る子どもの「健康」とは

——日本の母子健康政策の主軸である
「健やか親子21」に対する理論的・実践的検証——

野口　晴子

1　はじめに　―日本の母子健康政策の現状―

日本における母子保健政策は、世界でも類をみないほど充実しており、健康診査、保健指導、療養援護、医療対策、保育サービスと、妊娠・出産期のみならず、女性の一生涯を通じた多角的な施策が行われている(1)。図表1は、昭和54年から平成13年までの出産千対の周産期死亡率、及び、出生千対の新生児（生後1週間未満）死亡率と乳幼児（1歳未満）死亡率の動向を示している。周産期死亡率とは、妊娠満22週以後の死産数に早期新生児死亡率を加えた周産期死亡数を、妊娠満22週以後の死産数に出生数を加えた出産数で除した数値である。周産期死亡率を見てみると、昭和54年の21・6より一貫して減少し、平成2年には出産千対死亡率が11・1と昭和54年当時の約1／2になった。さらに、その後飛躍的に減少し、平成13年には5・5にまで減少している。さらに、同じく昭和54年から平成13年までの新生児死亡率と乳幼児死亡率は、それぞれ、昭和54年の5・2と7・9から継続的に減少し、平成13年には1・6と3・1まで下がっている。日本の母子保健の水準を示すこうした指標は、既に1990年代において世界最高水準に達しており（図表2参照）、21世紀に至っても他の先進諸国に対する日本の圧倒的優位は変わっていない。

こうした母子保健の質量両面での水準の高さを今後も維持するとともに、(1)「思春期の保健対策の強化と健康教育の推進」、(2)「妊娠・出産に関する安全性と快適さの確保と不妊への支援」、(3)「小児医療保険水準を維持・向上させるための環境整備」、そして、(4)「子どもの心の安らかな発達の促進と育児不安の軽減」、という4つの新たな現代的課題に対応すべく、2001年（平成13年）から2010年（平成22年）までの10年間を対象期間とした「健やか親子21」という母子保健の国民運動計画が策定された(2)。

「健やか親子21」は、「安心して子どもを産み、健やかに育てることの基礎となる少子化対策としての意義に加え、少子・高齢社会において、国民が健康で明るく元気に生活できる社会の実現を図るための国民の健康づくり運動」と位置づけられた「健康

図表１　周産期死亡率、新生児（生後1週間未満）死亡率、及び、乳幼児（1歳未満）死亡率の動向（昭和54年～平成13年）

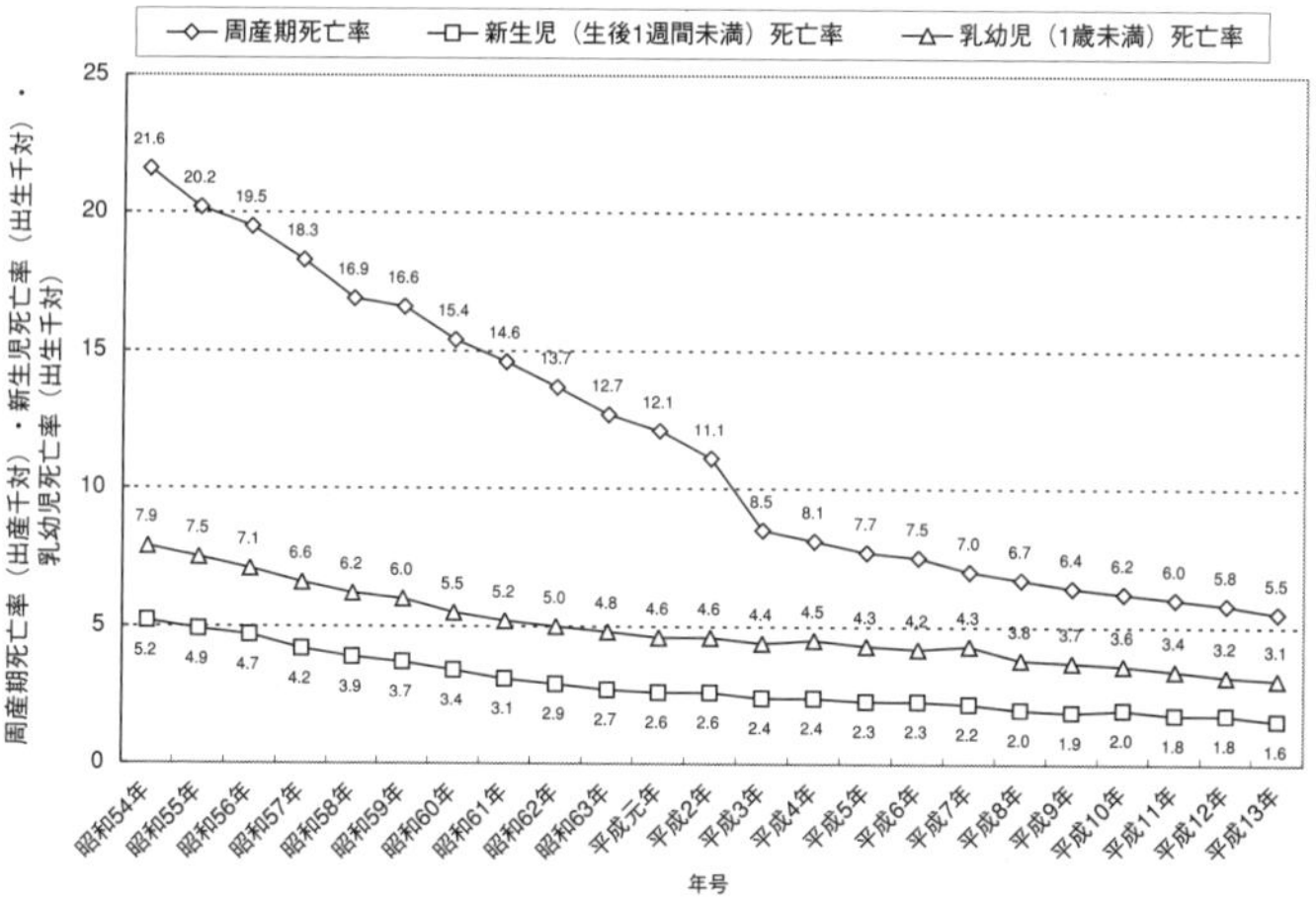

出所：厚生労働省大臣官房統計情報部人口動態・保健統計課、『人口動態統計年報』、第2表-2「人口動態総覧（率）の年次推移」
（http://www.mhlw.go.jp/toukei/saikin/hw/jinkou/suii01/soran2-2.html）を用いて著者作成

図表２　周産期死亡率・新生児死亡率・乳幼児死亡率の各国比較

国名	年次	周産期死亡率	新生児死亡率	乳幼児死亡率
日　　本	1996（平成8）年	4.4	2.0	3.8
アメリカ合衆国	1994（平成6）年	7.4	5.2	7.9
フ ラ ン ス	1993（平成5）年	7.2	3.1	6.5
ド イ ツ	1994（平成6）年	6.5	3.2	5.6
イ タ リ ア	1994（平成6）年	9.4	6.2	6.6
スウェーデン	1994（平成6）年	5.8	3.1	4.4
イ ギ リ ス	1994（平成6）年	9.0	4.1	6.2

注）単位については、周産期死亡率が出産千対、周産期死亡率以外は出生千対。

出所：厚生労働省（1999）、『平成11年度版　厚生労働白書』、図3-1-3「死亡率・乳幼児死亡率・新生児死亡率・周産期死亡率・妊婦死亡率の国際比較」

（http://wwwhakusyo.mhlw.go.jp/wpdocs/hpaz199901/b0033.html）を用いて著者作成

日本21」の一環となる施策であり、国民の「生活の質（ＱＯＬ：Quality of Life）の向上」を最終目標としたヘルスプロモーションが、その基本理念となっている(3)。ＱＯＬとは、人々の生活を単に所得や貯蓄、生産や消費など物質的・経済的側面から量的にとらえようとする「生活水準」とは異なり、人々の暮らしにおいて、物的・質的両面のバランスと調和のとれた充足感が達成されているかどうかを模索しようという概念である。ヘルスプロモーションとは、１９８６年にオタワで開催されたWorld Health Organizationの国際会議において提唱された考え方で、従来の健康教育が「健康」を最終的な目標にして考える傾向が強かったのに対し、「健康」を「より良い生活のための資源の一つ」ととらえ、ＱＯＬの向上を最終的な目標に据えて、人々が、医療や保健の面からばかりではなく、政治的・経済的・社会的環境を含め、自らの健康を決定するさまざまな因子（＝要因）を、包括的に、かつ、主体的にコントロールし、改善することができるようにするプロセスのことを指す(4)。したがって、「健やか親子21」では、住民と行政との協働が必要不可欠であることから、前述した21世紀に取り組むべき４つの課題のそれぞれに対し、政策推進のターゲットを、(1)保健水準の指標、(2)住民自らの行動の指標、(3)行政・関係団体等の取組の指標の３つに分け、目標達成年次を２０１０年次（平成22年）に設定した(5)。

本論の目的は、現在の母子保健政策の主軸である「健やか親子21」を、医療経済学の視点から検証することにある。まず、次節では、子どもの「健康」について理論的検証を行う。第3節では、「健やか親子21」の基本理念であるヘルスプロモーションに対する医療経済学の理論的・実証的貢献について考察を行い、「健やか親子21」で掲げられた3つの政策目標指標の妥当性を検証する。最後に、事後的な政策評価プロセスについて、今後の課題を提起する。

2　子どもの「健康」をめぐる理論的考察

2-1　子どもに必要な「財」とその意思決定主体

まず、本論で著者が頻繁に用いる「財」という言葉について定義をしておくと、ここでは、「財」という概念を、目に見える有形のモノも、目に見えない無形のモノも含めて、「人々が生きるために必要な全てのモノ」と幅広く定義することにする。したがって、子どもの生活に必要な「財」という場合は、子どものためのケアやサービ

図表3:「子ども」をめぐるさまざまな意思決定主体

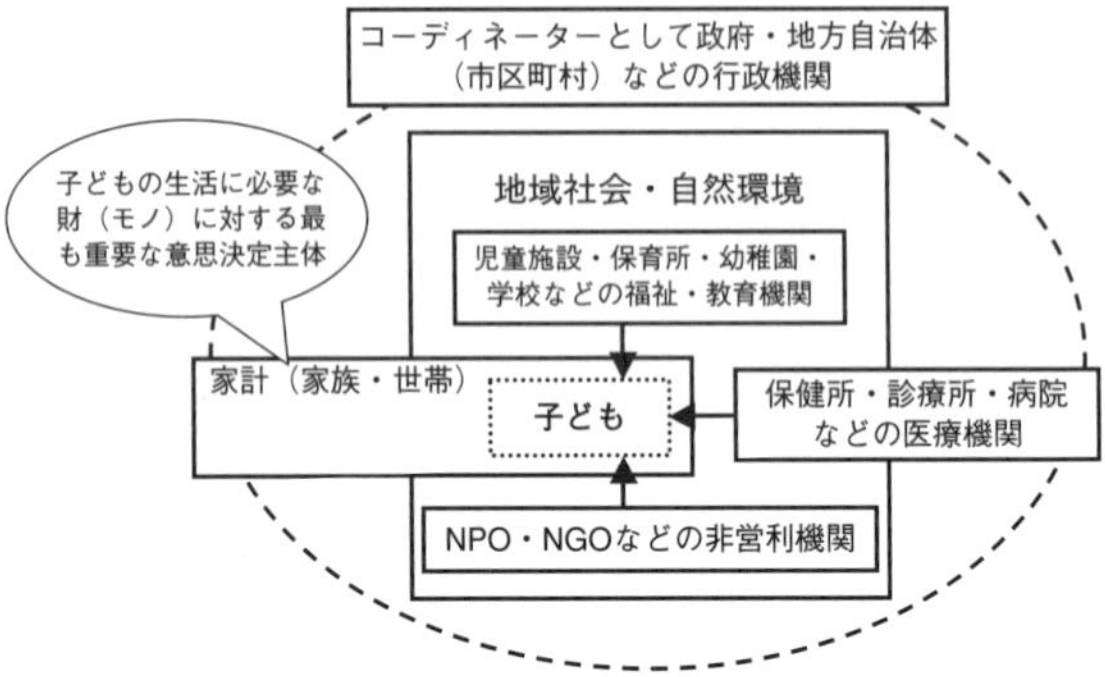

出所：野口晴子（2006）「乳幼児の健康資本と乳幼児健診に対する需要の社会的・経済的決定因子に関する一考察～「乳幼児健診システムに関する全国調査」による実証的検証～」、厚生労働科学研究費補助金・子ども家庭総合研究事業、『新しい時代に即応した乳幼児健診のあり方に関する研究～平成17年度総括・分担研究報告書（主任研究者：高野陽）』、101-114頁

スも含めて、子どもが生きるために必要な全ての「モノ」という意味である。図表3は、子どもの生活に、どのような財がどの位必要かを決めるさまざまな意思決定主体を図式化したものである。子どもの身体的、知的、精神的能力や経験を意味する「人的資本（human resources）」の形成・発展には、子どもを取り巻く地域社会や自然環境を背景として、家計、児童施設・保育所・幼稚園・学校などの福祉・教育機関、保健所・診療所・病院などの医療機関、NPOやNGOなどの非営利機関、そして、各意思決定主体を調整するコーディネータ―としての役割を担う行政機関など、さまざまな意思決定主体による、「財」の投入

が必要である。無論、その中で、最も中心的な役割を果たす主体は「家計」、すなわち、一般的には「家族」又は「世帯」と呼ばれる集合体であることは言うまでもない。子どもの人的資本形成に必要な「財」は無数にあるが、いくつかの具体例をあげれば、飲食料、衣料品、住居、遊具、書籍、あるいは、保育、教育、医療など、一般的には料金を支払って購入する必要のあるものもあれば、両親をはじめとする家族によって提供されるケア、NPOやNGOのボランティアによるファミリーサポート、公立の義務教育、あるいは、地方自治体によって無料で実施されている定期的な乳幼児健診など、料金を支払う必要の無いものもある。

2-2　子どもの健康生産関数

経済学では、「家計」は自分たちの満足度や幸福度が最大になるように、消費する財の組み合わせと量を決定する経済主体である、という仮定をおく。家計によって達成される満足度や幸福度は、経済学用語で「効用（utility）」と呼ばれているが、子どもが身体的にも精神的にも良好な健康状態にあること、そして、子どもの発達・発育過程において良好な健康状態が維持されることは、言うまでもなく、家計の効用にとって最も重要な決定要素の1つである。したがって、各家計では、自分たちの幸福度が最大になるためには、子どもの健康状態がどの水準にあれば良いかを、まず知ろうとするだろう。そして、一旦、効用が最大化される子どもの健康水準がわかると、各家計は、最も効率的な方法、つまり、コストが最小になるような方法で、目標の水準まで子どもの健康状態を改善させようとする。こうした議論は、「さまざまな財を消費することにより、家計構成員の人的資本を蓄積する経済主体」として、家計をとらえたBecker[6]やBen-Porath[7]による「家計の生産関数（household production function）」という考え方を、Grossman[8]が健康に応用し、家計を、「家計構成員の健康的な時間を生産し、人的資本の主要な構成要素である健康資本を蓄積する経済主体」としてとらえたものである。すなわち、「家計による健康生産関数（health production function）」という考え方であり、これが今日における医療経済学の理論的基盤となっている。

子どもの健康生産関数についての議論を具体化するため、某年某月に、ある家族の1歳の子どもが高熱を出し自宅看護が必要になったと仮定して、当該1ヶ月間に、その家計が行う意思決定や行動のメカニズムについて考えてみることにする。子どもの発熱が原因で、家族は仕事を休まなければならなかったり、看病疲れと心配でストレスがたまったりと、子どもの健康状態の悪化は、明らかに、家計の効用にとってはマイナス要因である。したがって、この家計は、自分たちの効用水準を改善するため、無数にある財の中から、子どもの「良好な健康状態」の回復（つまり、生産）に有効な財を選択し、投入する必要にせまられる。

Grossman型の健康生産関数では、子どものケアのため家計が投入するのは、家計構成員の時間と、家計が購入するモノやサービスである。家計構成員の時間とは、たとえば、両親やその他の家族が自宅で子どもの看護や世話に要する時間、通院時間、病院での待ち時間、あるいは、保育所への送迎時間などの合計時間のことで、家計の各構成員に与えられた1日24時間という限られた時間を子どものケアのためにどのくらい費やせるか、という時間配分の問題である。また、家計が購入するモノやサービスとは、治療や投薬を目的とした通院や医師による往診などの医療サービス、薬局での売薬の購入、予後におけるベビーシッターや保育所の病後児保育などの保育サービス利用など、有形・無形を問わず、子どもの健康状態を改善し、健康資本を蓄積するために必要なさまざまな財を指し、某年某月における家計の所得総額を予算の上限として、これらの財にどの程度の予算配分が可能か、という問題である。今、家計にとって自分たちの効用を最大化する子どもの健康水準が既知であるとすると、家計は、費用最小化のプロセスを通じて、つまり、目的とする水準の健康状態の生産を最も効率的に行うべく、時間配分と予算配分を行おうとするだろう。

しかし、すべての家計が、同じメカニズムで意思決定を行うからといって、一様に同じ水準の子どもの健康状態を達成できるわけではない。なぜならば、個々の家計は、観察の対象となった某年某月1日以前に既に決まっているさまざまな「状況」に制約を受けるからである。自明のことであるが、我々は、タイムマシンでも無い限り、決して過去にさかのぼって、自分が今おかれた状況を変えることはできない。具体的には、子どもの具合が悪い時、家計構成員が母親1人である場合、父親と母親の2人である場合、あるいは、両親と祖父母のいずれかがおり3人以上である場合とでは、その家計がとりうる選択肢の幅が異なってくる。母親1人である場合は、母親は勤め先から看護休暇をとって自分で世話をするか、あるいは、ベビーシッターを雇用するか、といった選択肢が考えられる。家計構成員が父親と母親の2人である場合は、子どもの看護要員として父親が、3人以上である場合は、さらに、子どもにとって祖父母にあたる家族のいずれかに看護を依頼するという選択肢が加わるだろう。また、家計構成員が普段から子どもの健康管理にいろいろと気を配っているかどうか、子どもが大病を患った時、多額の医療費に耐えられる資産があるかどうか、居住環境として、近所に気軽に相談できる主治医がいるかどうかや市区町村固有の母子保健施策があるかどうか、そもそも子どもが丈夫な体質であるかどうかなど、某年某月1日以前に既に決まっているさまざまな状況を、経済学ではその家計の生産能力ととらえ、家計の意思決定や行動の前提条件として最終的に生産される子どもの健康水準の高さを規定する因子と考える。

こうした生産能力とともに、各家計の嗜好も子どもの健康水準を決定する重要な前提となる。乳幼児期においては、母親が子どもの保育・看病に当たるべきであるという嗜好が強い家計か、母親でなくともよいが、父親や祖父母など家族の誰かが世話をするべきであると考える家計か、あるいは、家族以外の人を雇って世話をしても構わないと考える家計かによって、意思決定や行動は変わってくるであろう。したがって、さまざまな選択肢のうちどの行動をとるかは、その家族の考え方、すなわち、家計の嗜好が強く反映し、最終的には、子どもの健康水準に影響を与える。

以上の議論から、ある一時点を切り取った場合の、Grossman型の子どもの健康生産関数を要約すると、次のような式として表すことができる。

$$h_i^* = h_i^*\left(t_i^h, c_i^h \middle| z_i, x_i, q_i^0\right) \qquad (1)$$

（1）において、iはある特定の家計を示すインデックス、つまり、各家計のＩＤ番号を示している。h_i^*は家計iが効用を最大化することのできる子どもの良好な健康状態、t_i^hとc_i^hはそれぞれ、子どもの良好な健康状態（h_i^*）を生産するために家計iが費やした時間と投入した財、z_iは家計iの生産能力、x_iは家計iの嗜好、そして、q_i^0は、観察対象期間の初期、つまりこの事例では、某年某月１日における子どもの健康状態（経済学用語でいうと、初期健康賦存量）を示している。したがって、健康生産関数（1）は、ある特定の家計iの効用を最大化する子どもの健康水準h_i^*が、z_i、x_i、q_i^0を前提条件として、t_i^hとc_i^hを投入することによって生産される、というメカニズムを示している。

2–3　時間配分モデルと需要関数

家計の効用を最大化する子どもの健康状態（h_i^*）の生産にかかる費用は、どのように定義することができるだろうか。まず、この家計が子どもの看護に費やす総時間（t_i^h）について、経済学では、機会費用（opportunity cost）という概念を用いる。この場合の機会費用とは、もし各家計構成員が子どものケアに費やす時間を、賃金労働に費やした場合に獲得することができたであろう潜在的な所得のことを指す。核家族を想定して、仮に、母親が子どもの看護のために20時間を、父親が10時間を費やしたとする。母親と父親の賃金率、つまり、時給をそれぞれ、1、000円と2、000円とし、この両親が子どもの看護をするかわりに働いたと仮定すると、母親は20時間×1、000円＝20、000円を、父親もまた10時間×2、000円＝20、000円を稼ぐことができたことになる。つまり、この家計における子どもの看護に対する機会費用は、両者を足し合わせた40、000円で、この両親は子どもを看護することによって、労働市場で40、000円稼ぐ機会を放棄したことになる。

　この家計が子どもの看護に費やす総時間はt_i^h時間であるが、この総時間は、実際は、母親と父親の看護時間t_{i1}^hとt_{i2}^hを、足し合わせた時間（$t_i^h = t_{i1}^h + t_{i2}^h$）である。また、看護時間と賃金率とをかけあわせたものが機会費用であるので、母親と父親の賃金率をそれぞれw_{i1}とw_{i2}とすると、機会費用は母親が$t_{i1}^h w_{i1}$、父親が$t_{i2}^h w_{i2}$である。したがって、この家計全体の子どもの看護に対する機会費用は、両者を足し合わせた$t_{i1}^h w_{i1}+t_{i2}^h w_{i2}$となる。職場における両親の賃金率が高ければ高いほど、子どもの看護に対する1時間当たりの機会費用は高くなり、したがって、子どもの良好な健康状態を生産するための時間コストがそれだけ高くなることを意味する。この事例でいうと、父親の方が母親よりも時間当たりの機会費用が高く、つまり、母親よりも父親による看護コストの方が割高ということになる。したがって、この家計では、h_i^*の生産を効率的に低コストで行うべく、両親の間で最適な時間配分が行われ、母親の方がより多くの時間を子どもの看護に費やすという結果となったと解釈することができる。

次に、家計による投入財（c_i^h）について、実際に費用を計算しようとすると、個々の財により価格が異なるため煩雑になってしまう。ここでは、議論を単純化するために、投入財1単位当たりの平均価格をp^hとし、c_i^h単位の財の購入にかかる費用を、両者を掛け合わせた$c_i^h p^h$として示す。

以上のことから、h_i^*の生産にかかる総費用は、核家族を想定するならば家計が費やす時間にかかるコスト（$t_{i1}^h w_{i1}+t_{i2}^h w_{i2}$）と、投入財の購入にかかるコスト（$c_i^h p^h$）を足し合わせて、$(t_{i1}^h w_{i1} + t_{i2}^h w_{i2}) + c_i^h p^h$ と表現することができる。家計 i は、h_i^* を生産するのに、総費用（$(t_{i1}^h w_{i1} + t_{i2}^h w_{i2}) + c_i^h p^h$）を最小化する家計構成員間での時間配分と財の投入スケジュールをたてる。この家計 i による費用最小化の問題を解いた結果が、家計による時間配分モデルと投入財に対する需要関数である。時間配分モデルとは、h_i^* を最も効率的に生産できるような、家計の構成員間、上記の事例でいえば、両親による h_i^* の配分計画を示しており、次の2つの式（2-1-1）と（2-1-2）によって示すことができる。

$$t_{i1}^h = t_{i1}^h\left(w_{i1}, w_{i2}, p^h \mid h_i^*, z_i, x_i, q_i^0\right) \qquad (2\text{-}1\text{-}1)$$

$$t_{i2}^h = t_{i2}^h\left(w_{i1}, w_{i2}, p^h \mid h_i^*, z_i, x_i, q_i^0\right) \qquad (2\text{-}1\text{-}2)$$

一方、需要とは、家計に、ある財を購入することのできる能力がある場合の、その財に対する欲望や欲求の大きさ、つまり、量を表す経済学用語で、この場合の需要関数は、家計 i による c_i^h の需要計画そのものを指しており、次に示す式（2-2）で表すことができる。

$$c_i^h = c_i^h\left(w_{i1}, w_{i2}, p^h \mid h_i^*, z_i, x_i, q_i^0\right) \qquad (2\text{-}2)$$

iは各家計のＩＤ番号、t_{i1}^hとt_{i2}^hはそれぞれ、家計iにおいて子どもの看護に費やす母親と父親の時間、c_i^hは有形・無形の投入財の量、w_{i1}とw_{i2}は母親と父親の時給、p^hは投入財1単位当たりの平均価格、h_i^*は家計の効用を最大化する子どもの健康水準、z_iは家計iの生産能力、x_iは家計iの嗜好、そして、q_i^0は子どもの健康の初期健康賦存量を示している。したがって、これらの式は、家計構成員の時間配分計画と投入される財に対する需要スケジュールが、いずれも、自分たちの効用を最大化する子どもの健康水準h_i^*の生産を目的として、z_i、x_i、q_i^0を前提条件に、w_{i1}とw_{i2}、及び、p^hに依存しているというメカニズムを示している。

3　医療経済学の理論的・実証的貢献に関する一考察

3-1　最終目標指標としてのＱＯＬと効用との関係

図表4は、前節で議論した医療経済の理論モデルを、子どもの「良好な健康」の生

産メカニズムとして図式化したものである。医療や保健分野の行動理念であるヘルスプロモーションと、経済分野における行動原理としての家計による効用最大化行動とは、第1に、両者の目標指標が、「QOL」や「効用」という物心両面での充足度や満足度を対象としていること、第2に、「健康」をより充足度や満足度の高い生活を営むための、つまり、効用を高めるための、重要な「資源」と位置づけていること、したがって、第3に、家計と家計を構成する人々が、自分たちのQOLや効用水準を改善するような健康水準（健康生産関数におけるh_i^*）をターゲットとして主体的に行動し、意思決定を行うモデルであること、以上の3点

図表 4:子どもの「良好な健康状態」の生産をめぐるメカニズム

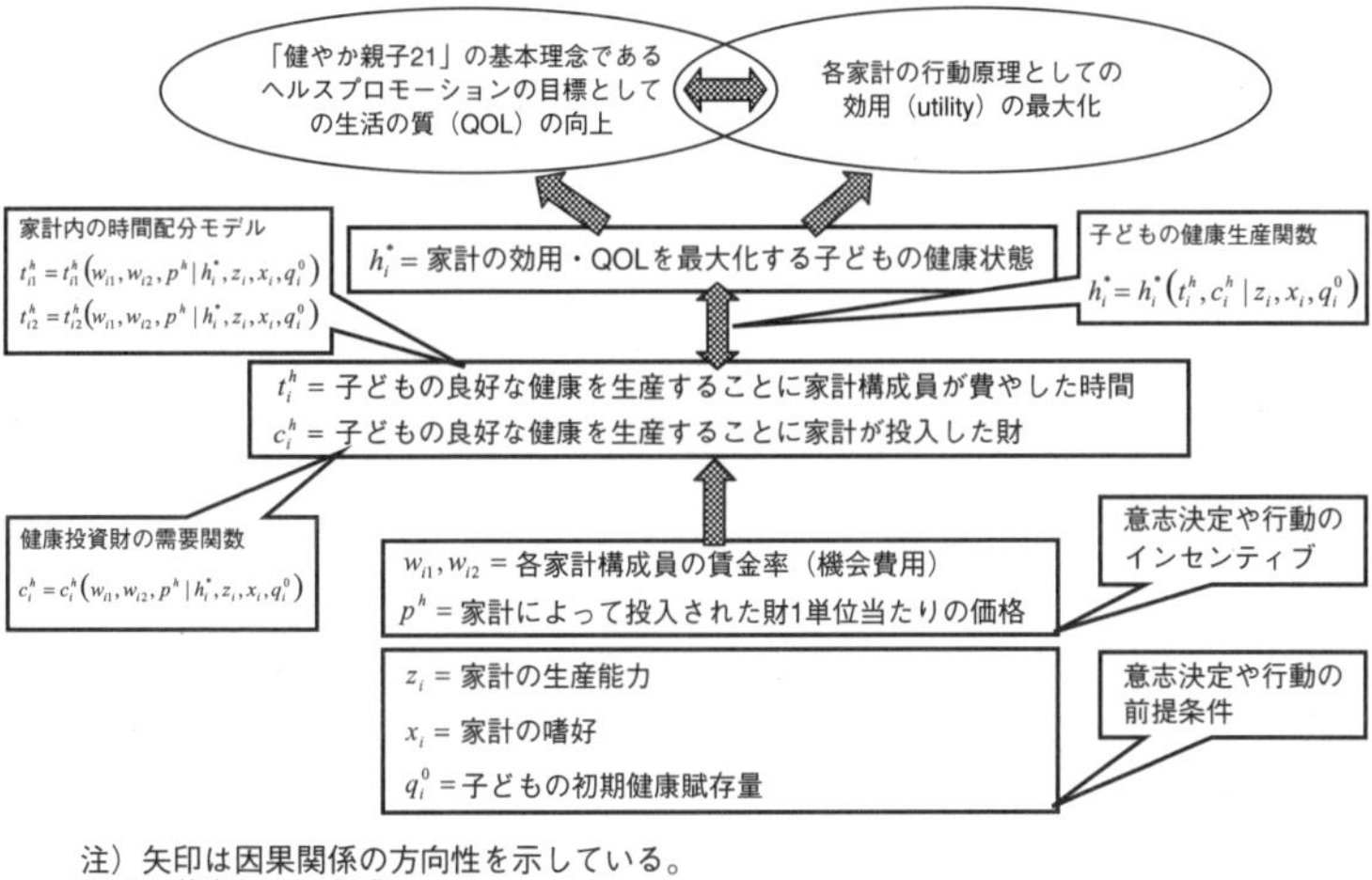

「健やか親子21」の基本理念であるヘルスプロモーションの目標としての生活の質（QOL）の向上
各家計の行動原理としての効用（utility）の最大化
家計内の時間配分モデル
$t_{i1}^h = t_{i1}^h(w_{i1}, w_{i2}, p^h \mid h_i^*, z_i, x_i, q_i^0)$
$t_{i2}^h = t_{i2}^h(w_{i1}, w_{i2}, p^h \mid h_i^*, z_i, x_i, q_i^0)$
h_i^* = 家計の効用・QOLを最大化する子どもの健康状態
子どもの健康生産関数
$h_i^* = h_i^*(t_i^h, c_i^h \mid z_i, x_i, q_i^0)$
t_i^h = 子どもの良好な健康を生産することに家計構成員が費やした時間
c_i^h = 子どもの良好な健康を生産することに家計が投入した財
健康投資財の需要関数
$c_i^h = c_i^h(w_{i1}, w_{i2}, p^h \mid h_i^*, z_i, x_i, q_i^0)$
w_{i1}, w_{i2} = 各家計構成員の賃金率（機会費用）
p^h = 家計によって投入された財1単位当たりの価格
意志決定や行動のインセンティブ
z_i = 家計の生産能力
x_i = 家計の嗜好
q_i^0 = 子どもの初期健康賦存量
意志決定や行動の前提条件

注）矢印は因果関係の方向性を示している。
出所：著者により作成。

において、共通項を有する概念であるといえるだろう。さらに、両者は、効用が犯罪などの反社会的欲求へ向かわない限りにおいて、家計、あるいは、家計の各構成員の効用水準の改善はＱＯＬの改善につながり、また、ＱＯＬの向上は効用水準の改善につながるという点で、相互にプラスの関係がある概念でもある（図表４参照）。

3-2 ヘルスプロモーションの実践モデルと家計の行動原理

「健やか親子21」の検討会では、「理念」としてのヘルスプロモーションに対し、これを実際の国民運動として実践するための手法として、プレシード・プロシードモデル(9)や地域づくり型保健活動(10)などが検討された。本論では、これらの方法論については立ち入らないが、これらの実践モデルに共通するのは、まず、人々のＱＯＬやその資源としての健康水準が、医療や保健のみならず、政治的・経済的・社会的環境を含めた多様な因子との包括的な因果関係の中で位置づけられている点、第２に、地域住民の主体的参加を前提とした「住民参加型」モデルである点、そして、あらゆる健康促進プログラムの実施前後における事前・事後評価を行うという点である。したがって、主要な実践モデルに共通するこれらの特徴は、ヘルスプロモーションを具現化する要件と考えられる。

そこで、図表4で示した、子どもの「良好な健康状態」の生産をめぐるメカニズムを参照しながら、医療経済学の視点で、ヘルスプロモーションを具現化するこれら3つの要件について検証してみる。第1に、医療や保健分野における行動「理念」であるヘルスプロモーションに対して、医療経済学では、家計を基盤とした人々の行動に、「効用最大化」や「費用最小化」という明確な行動「原理」を仮定することで、効用やQOLの重要な資源としての「健康」と、さまざまな因子との因果関係について、健康生産関数、時間配分モデル、及び、需要関数という明示的なストーリー、つまり、理論的根拠を提供する。Grossman型の子どもの健康生産関数では、家計の生産能力と嗜好に関わるさまざまな因子と子どものもともとの体質や健康水準を前提条件として、家計の効用最大化行動によって決定された子どもの健康水準（h_i^*）が、家計構成員の時間と財とを投入することで生産されるメカニズムが描かれている。また、時間配分モデルと需要関数は、生産における費用最小化行動をとる家計の行動メカニズムを示している。健康生産関数と同じ前提条件の下、家計内での時間配分と投入財の需要は、各家計構成員の賃金率と投入財の価格に依存するというメカニズムである。

第2に、「理念」としてのヘルスプロモーションは人々による主体的なプロセスである、と定義されており、したがって、実践モデルにおいても、健康教育プログラムなどの計画策定から実施、そして、事後評価や改定にいたる全過程において住民参加型であることが強調されている。住民とは、家計、あるいは、個々の家計構成員と同義であるから、ヘルスプロモーションが住民による主体的なプロセスであるというからには、経済理論が強調する、家計の行動や意思決定に影響を与える「インセンティブ」の役割は、ヘルスプロモーションの実践おいても重要であると考えられる。図表4が示すように、子どもの「良好な健康状態」の生産をめぐるメカニズムでは、各家計構成員が子どもをケアする単位時間当たりの機会費用（w_{i1}とw_{i2}）と投入財1単位当たりの平均価格（p^h）の変化が、家計における主要なインセンティブとして機能する。

たとえば、今、子どもに対する健康支援プログラムの一環として、ある自治体が、平日1日、しかも、日中のみの限定で無料の乳幼児健診を実施しているとしよう。この健診サービスは無料であるから、投入財の単位当たり価格は$p^h=0$である。したがって、当然、健診が有料である場合（$p^h>0$）に比較すると、乳幼児をもつ家計の需要は刺激され、自治体が提供するこの健診サービスに対する需要量c_i^hは増える。しかしその一方で、母親が正規就労の場合は、パートや専業主婦と比較すると、賃金率（w_{i1}）が高く、したがって、半日もしくは終日休暇をとることに対する機会費用が大きい。したがって、この母親は、この健診プログラムに自分が費やす時間（t_{i1}^{h}）を出来るだけ減らそうとするか、もしくは、健診に参加しない（$t_{i1}^{h}=0$）という選択を行うだろう。仮に、母親以外の家計構成員の所得が一定だとすると、母親の賃金率が高ければ、それは、家計所得が高いことを意味する。通常、家計所得が高ければ、子どもの健康のための投入財に費やす予算配分に余裕ができることになるから、たとえ、健診に多少の費用（$p^{h}>0$）がかかったとしても、週末に小児科での健診サービスを受けるという選択をするかもしれない。以上のことは、w_{i1}やp^{h}の変化は、家計構成員の時間配分や需要に対する行動の変化を促し、家計の意思決定におけるインセンティブとして機能することを示している。したがって、住民、すなわち、家計や家計構成員を主体とするヘルスプロモーションにおいて、意思決定や行動のインセンティブとなりうるこれらの経済変数は無視することのできない要件であり、住民参加を支える一つの原動力として有効である。

第3に、医療経済学が基盤とする家計の行動モデルをヘルスプロモーションに応用させることによって、家計のＱＯＬ又は効用水準の向上、そして、その資源としての子どもや他の家計構成員の「健康」に影響を与えるさまざまな因子間の関係が、理論的根拠の下に方向付けられることになる。どの因子が原因となる「効果」指標でどの因子が影響を受ける「目的」指標であるのかが、理論的に明らかにされることは、さまざまな健康促進プログラムの計画策定や事前の評価プロセスの段階においても、有益であると考えられる。

3-2 「健やか親子21」の政策目標指標の妥当性に対する検証

「健やか親子21」では、21世紀に取り組むべき4つの課題としてあげられた⑴思春期の保健対策の強化と健康教育の推進、⑵妊娠・出産に関する安全性と快適さの確保と不妊への支援、⑶小児医療保険水準を維持・向上させるための環境整備、そして、⑷子どもの心の安らかな発達の促進と育児不安の軽減、というそれぞれの課題に対し、政策推進のターゲットが、⑴保健水準の指標、⑵住民自らの行動の指標、⑶行政・関係団体等の取組の指標の3つに分けて提示されている。図表5は、著者が、医療経済学の理論的枠組みに重ね合わせながら、設定された指標を整理し図式化したものである。本節では、図表5を参照しながら、子どもと母親の「健康」を決定するさまざまな因子、すなわち、「健やか親子21」で掲げられた政策目標指標の妥当性を検証する。

まず、健康水準の指標についてであるが、これらの指標はあきらかに、母子を中心とした各家計構成員の健康生産関数の目標指標であるh_i^*である。また、本論で紹介したGrossman型の健康生産関数を時系列の動学モデルにした場合、今期の達成目標h_i^*を来期における健康初期賦存量（q_i^0）と位置づけることもできる。医療経済理論のメカニズムから見ると、住民自らの行動の指標に分類されている指標群は非常に多岐にわたり、(1)時間配分モデルの目標変数としての両親の時間（t_{i1}^h、t_{i2}^h）、(2)需要関数の目標変数としての投入財（c_i^h）、(3)家計の行動や意思決定のインセンティブとしての経済変数（w_{i1}、w_{i2}、p^h）、そして、(4)家計の生産能力と嗜好を示すz_iとx_i、の5つに分けることができる。そして、行政・関係団体等の取組指標に関して、意思決定主体である家計の側からすると、そういった取り組みの恩恵を受けられるかどうかは、自分たちがどこに住んでいるかに依存する。具体的な指標を見てみると、たとえば、学校保健委員会を開催している学校の割合、小児人口に対する小児科医・新生児科医師・児童精神科医師の割合など、ほとんどが、地域属性を示す指標であり、したがって、これらの指標は、居住環境として、家計の生産能力（z_i）に影響を与える変数として分類した。

図表5を一見してわかることは、第1に、「健やか親子21」では、最終的に達成すべき保健水準の指標や、住民行動と行政・関係団体の取り組み指標のうち医療や保健分野から見た政策目標指標については、十分検討されている。しかし、その一方で、医療経済モデルの観点から見ると、健康の目標指標であるh_i^*を生産するための主要な投入要素である、家計構成員の時間（t_{i1}^h、t_{i2}^h）、及び、家計による投入財（c_i^h）に対する検討が十分になされているとはいえない。さらに、このような家計行動を決定する主因子、つまり、家計の意思決定におけるインセンティブとして、住民の主体的な行動の原動力の一つともなりうる指標群（w_{i1}、w_{i2}、p^h）の検証については皆無である。ヘルスプロモーションの基本概念が、人々による主体的なプロセスであることからすると、このような経済変数は「インセンティブ」としては極めて重要であり、これらを無視することは適当ではないと思われる。こうした経済変数の重要性は、医療経済学における数多くの先行研究によって指摘されており、賃金率や財の価格が、家計構成員による時間配分と投入財の需要に与える影響は決して無視できるものではなく、

図表5：「健やか親子21」の4つの課題と政策目標となる主要指数

	政策課題(1) 思春期の保健対策の強化と健康教育の推進	政策課題(2) 妊娠・出産に関する安全性と快適さの確保と不妊への支援	政策課題(3) 小児保健医療水準を維持・向上させるための環境整備	政策課題(4) 子どもの心の安らかな発達の促進と育児不安の軽減
QOL・効用	指標なし	妊娠・出産について満足している者の割合	指標なし	指標なし
保健水準の指標 （h_i^*、モデルを動学化した場合は q_i^0 ）	十代の自殺率、十代の人工妊娠中絶実施率、十代の性感染症罹患率、15歳の女性の思春期やせ症（神経性食欲不振症）の発生頻度	妊産婦死亡率、産後うつ病の発生率	周産期死亡率、全出生数中の極低出生体重児の割合、全出生数中の低出生体重児の割合、新生児死亡率、乳児（1歳未満）死亡率、乳児の乳幼児突然死症候群（SIDS: sudden infant death syndrome）死亡率、幼児（1～4歳）死亡率、不慮の事故死亡率	虐待による死亡数、法に基づき児童相談所等に報告があった被虐待児数、子どもを虐待していると思う親の割合、子育てに自信が持てない母親の割合
住民自らの行動の指標 （t_{i1}^h、t_{i2}^h）	指標なし	指標なし	指標なし	ゆったりとした気分で子どもとすごせる時間がある母親の割合、育児に参加する父親の割合、子どもと一緒に遊ぶ父親の割合
住民自らの行動の指標 （c_i^h ）	指標なし	妊娠11週以下での妊娠の届け出率	1歳までにBCG接種を終了している者の割合、1歳6か月までに三種混合・麻疹の予防接種を終了している者の割合	出産後1か月時の母乳育児の割合
住民自らの行動の指標 （w_{i1}、w_{i2}、p^h ）	指標なし	指標なし	指標なし	指標なし
住民自らの行動の指標 （z_i、x_i）	十代の喫煙率、十代の飲酒率、避妊法を正確に知っている18歳の割合、性感染症を正確に知っている高校生の割合	母性健康管理指導事項連絡カードを知っている妊婦の割合	妊娠中の喫煙率・育児期間中の両親の自宅での喫煙率、妊娠中の飲酒率、かかりつけの小児科医を持つ親の割合、休日・夜間の小児救急医療機関を知っている親の割合、事故防止対策を実施している家庭の割合、乳幼児のいる家庭で、風呂場のドアを乳幼児が自分で開けることができないよう工夫した家庭の割合、心肺蘇生法を知っている親の割合、乳児期にうつぶせ寝をさせている親の割合	育児について相談相手のいる母親の割合
行政・関係団体の取り組みの指標 （ z_i ）	学校保健委員会を開催している学校の割合、外部機関と連携した薬物乱用防止教育等を実施している中学校・高校の割合、スクール・カウンセラーを配置している中学校（一定の規模以上）の割合、思春期外来（精神保健福祉センターの窓口を含む）の数	周産期医療ネットワークの整備、正常分娩緊急時対応のためのガイドラインの作成、妊産婦人口に対する産婦人科医・助産師の割合、不妊専門相談センターの整備、不妊治療を受ける際に、患者が専門家によるカウンセリングが受けられる割合、不妊治療における生殖補助医療技術の適応に関するガイドライン（仮称）の作成	初期、二次、三次の小児救急医療体制が整備されている都道府県の割合、事故防止対策を実施している市町村の割合、小児人口に対する小児科医・新生児科医師・児童精神科医師の割合、院内学級・遊戯室を持つ小児病棟の割合、慢性疾患児等の在宅医療の支援体制が整備されている市町村の割合	周産期医療施設から退院したハイリスク児へのフォロー体制が確立している二次医療圏の割合、乳幼児の健康診査に満足している者の割合、育児支援に重点をおいた乳幼児健康診査を行っている自治体の割合、常勤の児童精神科医がいる児童相談所の割合、情緒障害児短期治療施設数、育児不安・虐待親のグループの活動の支援を実施している保健所の割合、親子の心の問題に対応できる技術を持った小児科医の割合

出所：健やか親子21検討会（2000）『健やか親子21検討会報告書ー母子保健の2010年までの国民運動計画ー』（http://www1.mhlw.go.jp/topics/sukoyaka/tp1117-1_c_18.html）を参考に、著者が図式化

結果的に、それが子どもの健康状態に影響を与えることが実証的に示されている(11)(12)(13)(14)。

医療経済学のヘルスプロモーションに対する理論的貢献が、健康促進プログラム実施以前における計画策定やアセスメントに対する論拠を与えるものであったのに対して、実証的貢献は、論拠に基づいて導き出された、子どもと母親の「健康」を決定するさまざまな因子間の関係性を、実際のデータを用いて測定し、統計学的に意味のある関係性かどうかを事後的に検証することによって、政策目標指標の妥当性と効果、すなわち、アウトカム、を評価することにある。実施されたプログラムが、母子の健康水準にどういった効果を与え、どの程度それが改善されたかを、測定し評価するという実証分析の役割は、「健やか親子21」の基本的視点の1つとして強調されている、「根拠に基づく治療（evidence-based medicine：ＥＢＭ）」の推進へ向けて、極めて重要である。そして、そのためには、事後評価にあたっての検証方法を、単に政策目標指標を個別に計測する「現状把握型」から、政策目標指標間の関係性や方向性を検証する「仮説検証型」へ移行させる必要があるだろう。次節では、結語に代えて、こうした政策評価プロセスにおける今後の課題を提起する。

4　結語―事後的な政策評価プロセスにおける今後の課題―

「健やか親子21」に代表される、医療、保健、福祉などの分野における施策の事後評価を、政策目標指標の単なる把握から、指標間の関係性や方向性を検証する「仮説検証型」へ移行させるに当たり、⑴政策評価過程で用いる指標の選定と妥当性に対する継続的な検証、⑵医療、保健、福祉分野におけるデータの収集・管理・運営、そして、⑶政策のアウトカムを公正に計測するための統計手法の確立、という、3つの課題を検討しなければならない。

まず、政策評価に用いる指標の選定について、前節では、「健やか親子21」における政策目標指標の妥当性の検証を試みたが、医療「経済学」の視点から見ると、家計、あるいは、各家計構成員の意思決定に関わる主要な「インセンティブ」である経済指標の選定が十分であるとはいえない。「健やか親子21」の基本理念であるヘルスプロモーションが、医療や保健の面からばかりではなく、政治的・経済的・社会的環境を含め、自らの健康を決定する多様な因子を、住民自身が主体的に改善するプロセスを指すこと、そして、親の所得や財の価格が、家計の行動、ひいては、子どもの健康状態に影響を与えることが、数多くの先行研究により実証されていることからすると、政策の評価指標として何らかの経済変数を加えることは、施策にとって有益であると考えられる。したがって、政策評価に用いる指標の選定に際しては、医学研究者や臨床医、社会科学者、福祉学者や現場の保育士など、専門家による学際的な研究グループを組織し、母子保健サービスの評価に対するコンセンサスに基づく情報収集を幅広く行うとともに、その妥当性についての継続的な検証が必要であろう。

したがって、第2に、事後的な政策評価を公正に行うためには、経済指標をはじめとして、各家計の生産能力や嗜好など、彼らの行動を決定するさまざまな因子を検証する必要がある。近年、個人情報保護法の影響もあり、こうしたデータを個人ベースで収集するのが非常に難しくなっているが、一方において、ある特定の施策や政策が、個々の家計のＱＯＬや効用、そして、ＱＯＬや効用を決定する「資源」に与える効果を正確に測定することが、今後の施策のあるべき方向性を決するに当たり、必要不可欠である。こうしたデータの収集にあたっては、データの提供者となる各家計、及び、家計構成員と、被提供者の双方が共通の利益に向け、長期的な信頼関係を築くことができるような環境を整備し、情報の運用と管理システムにおける透明性のあるルールを構築し、そのための人材育成を促進することが肝要であろう(15)(16)。

最後に、技術的、かつ、専門的な課題であるが、母子保健政策に代表される、医療、保健、福祉分野の施策効果を純粋に測定することは、統計上非常に難しい問題である。たとえば、A市では毎年無料の乳幼児健診が実施され、B市では有料であったとしよう。数年後、両市を比較したところ、A市の方がB市よりも子どもの健康状態がはるかに改善されていたとする。はたして、これは、A市が無料で提供した乳幼児健診の純粋な効果であると言えるだろうか。ひょっとすると、この結果は、B市に比べて、A市にすむ子どもたちの方がもともとの体質が丈夫で、自然環境にもめぐまれ、両親が気軽に相談できる小児科医の数が多く、かつ、両親の所得が高く、より多様な医療・保健サービスを享受することのできた結果かもしれない。そうなると、A市の子どもたちの良好な健康状態は、無料の乳幼児健診による単純な効果ではなくなり、B市がA市を見習って、乳幼児健診を無料化したとしても、A市ほどの効果は期待できないということになる。したがって、ある施策や政策の純粋な効果を公正に計測するためには、その施策以外のさまざまな要因を統計的に調整する必要があり、そのための統計手法を模索し、確立していかなければならない。

注

（1）厚生労働省（2001）『平成13年厚生労働白書』、447頁。

（2）健やか親子21検討会（2000）『健やか親子21検討会報告書―母子保健の2010年までの国民運動計画―』、http://www1.mhlw.go.jp/topics/sukoyaka/tp1117-1_c_18.html

（3）健やか親子21検討会（2000）、前掲。

（4）World Health Organization (1998) "Health Promotion Glossary," Geneva, http://www.who.int/hpr/NPH/docs/hp_glossary_en.pdf. 日本語訳は、佐甲隆（三重県松阪保健所）によって翻訳され、日本語版用語集が、http://www1.ocn.ne.jp/~sako/glossary.html（HP：保健活動のひろば http://www1.ocn.ne.jp/~sako/）で公開されている。

（5）健やか親子21検討会（2000）、前掲。

（6）Becker, G.S. (1967) "Human Capital and the Personal Distribution of Income: An Analytical Approach," W.S.Woytinsky Lecture no.1. Ann Arbor, University of Michigan.

（7）Ben-Porath, Y. (1967) "The Production of Human Capital and Life Cycle of Earnings," Journal of Political Economy, 75(August): 353-367.

（8） Grossman,M (1972) "On the Concept of Health Capital and the Demand for Health," Journal of Political Economy, 80(2): 223-255.

（9） プレシード・プロシードモデルとは、ヘルスプロモーションの理念を具体的に実践する方法論としてGreen,LW and Kreuter, MWが開発したモデルである。このモデルは、事前評価から計画策定のプロセスであるプレシード部分と、実施から事後評価のプロセスであるプロシード部分の２つに分かれている。プレシード部分においては、改善すべきＱＯＬとＱＯＬに影響を与えている健康指標の選定、そうした目標指標に対し影響を及ぼしている人々の行動や生活習慣、環境因子、及び、人々の行動や環境に影響のある多様な要因（たとえば、知識、信念、技能など）についての情報を収集・分析、既存の健康教育プログラムに対する徹底的検証と実施すべき計画の策定を行う。一方、プロシード部分では、計画実施後における経過状況や、プレシード部分で選定したさまざまな因子に対する実施プログラムの効果を評価し、最終的に、目標指標である健康指標やＱＯＬがどの程度改善されたのか、結果自体に対する効果を評価する。詳細は、Green, LW and Kreuter, MW (2005) "Health Program Planning: An Educational and Ecological Approach" McGraw-Hill, New York、藤内修二編『ヘルスプロモーションのホームページへようこそ』(厚生労働科学研究分担研究報告書) (http://homepage1.nifty.com/PRECEDE-PROCEED/precede/gaiyou.html#dai1)、などを参照。

（10） 健やか親子21検討会（２０００）、前掲。「地域づくり型保健活動」とは、ヘルスプロモーションの基本理念に基づき、我が国の保健所や市町村の日々の実践活動の中でまとめられてきたモデルである。このモデルでは、住民、行政担当者、専門家を含めた関係者が、健康について、自分たちの地域における将来あるべき姿を想定し、その実現へ向けた計画策定、実施、評価、再検討のすべてのプロセスに関わり、実施結果の評価や再検討に基づいて、さらに次の段階へと向かう展開方法である。詳細は、岩永俊博編、浅野良一、佐藤卓、渡辺志保著（２００６）『地域保健・福祉のスキルアップ 研修の企画・運営・評価のてびき』すぴか書房、など参照。

(11) 山内太（２００１）「子どもの健康資本と親の時間配分行動：親は家計内健康格差に回避的か?」、『季刊・社会保障研究』、37（1）、73—84頁。

(12) Currie,J. and Thomas,D.(1995)"Medical Care for Children: Public Insurance, Private Insurance, and Racial Differences in Utilization," American Economic Review, LXXXV, 135-62.

(13) Currie, J. and Gruber, J.(1996) "Health Insurance Eligibility, Utilization of Medical Care, and Child Health," The Quarterly Journal of Economics, 111(2): 431-466.

(14) Finch, B.K. (2003) "Early Origins of the Gradient: The Relationship Between Socioeconomic Status and Infant Mortality in the United States," Demography, 40(4): 675-699.

(15) 野口晴子（２００２）「保険医療行政がＥＢＭに対して果たすべき役割」『ＥＢＭジャーナル』中山書店第3巻、第4号、79—85頁。

(16) 野口晴子（２００８）「家計における医療保険サービスの質に対する医療経済学の視点からの検証—日本の母子保健政策の主軸である「健やか親子21」を一事例として—」、厚生労働科学研究費補助金・政策科学総合研究事業、『医療・介護制度における適切な提供体制の構築と費用適正化に関する実証研究～平成19年度総括・分担研究報告書（主任研究者：泉田信行）』173—188頁。

デンマークの家族の特色

湯沢　雍彦

1　世界一の生活満足度

デンマークの家族は、日本の家族と非常に異なっていますが、参考になるところが大変多い国です。とくに低かった出生率を高めることに成功した国（1983年前後は1・3、1990年から最近までは1・8前後を持続）の一つとして、見習うべき点が多いので、その焦点を以下に紹介します。

北欧諸国の一番南にあるデンマークは、日本の九州とほぼ同じ程度の大きさで、人口も兵庫県や千葉県よりも少ないという小さな国です。しかしながら、1996（平成8）年のヨーロッパ共同体調査では、生活全体の満足度は14カ国中「とても満足」が66%もあって、他国を大きく引き離して第一位でした。しかもこの国民の主観的判断は、他国の学者による「国民生活ランキング」によっても裏付けられています。アメリカ・ペンシルバニア大学の研究室が１２４カ国を対象に保健・医療・人権・福祉・教育・住宅・貧困・識字率など46項目を総合して判断した結果、第一位はデンマークであり、これは研究を始めた70年以来変わらないとのことです。また、ＯＥＣＤ（経済協力開発機構）が各国民の不平等度を調べた調査結果が、２００４年度末に発表されました。それによると、再分配後所得で計算した「ジニ係数」（所得分配不平等度）は０・２２５で、24カ国中一番小さく、一番平等性が高い国であることが証明されました。ちなみに日本は０・３１４で、アメリカ、イタリア、イギリスなどと並んで、不平等性が高い国の一つになっています。

このことは、所得税が50％、消費税が25％という高率の負担に裏付けられて、教育費が無料、医療費も無料、老後の生活も心配ないという充実した社会保障が大きな背景になっていることはもちろんですが、それだけではありません。男女が基本的に平等で家事・育児を対等にこなし、結婚・出産しても就労しながら安心して子育てができる体制が、社会的によく整っていることがあるためと思われます。

私がこのことに初めて関心を持ったのは、20年ほど前、デンマーク大使館のリンドブラッドさん（参事官）の話を聞いたときでした。

「男も女も仕事が終わるとさっさと家に帰ります。それから海へ行ったりスキーに行ったり、男は大工仕事をよくやって高度な家具も自分で作るのです。普通の家庭では、夫と妻が一日置きに食事を作ります。後片付けは夫婦の共同作業。子どもが一番しませんが、大きくなると買い物とか家の掃除を手伝います。大きな掃除は、室内は妻、屋外が夫といった分担が普通です」

「残業なしでまっすぐ帰宅」「夫婦が交代で炊事」というのは日本人にとって驚くべき発言で、夫婦の平等性を的確に表現していいます。しかし、なかなか信じられません

保育先から子どもをひきとる

でしたから、99（平成11）年と２０００年に現地へ行って調べてみたのです。調査の仲間6人は、ホテルなどには泊まらずに、地方都市の幼児がいる3軒の家庭に分宿し、農家にも泊まったほか、国民高等学校の寄宿舎に入ったりして、若い夫婦や青年男女のナマの声を集めたり（英語教育が行き届いているので高校生以上は英語で会話ができました）、普段の着る物や食べ物を見るなど、よそ行きでない姿を見るようにしました。

仲間の一組が泊まったヨーンさんの家は夫が高校教員で、毎日下の小学2年の子を引き取って4時40分頃に帰宅していました。学校に限らず、どの役所も会社も午後4時閉業で、9歳までの子の保育先へ回って引き取り、野菜・肉やパンなどを買ってきます。そしてひと休みすると、すぐに夕食の支度にかかります。妻の方は通訳兼ガイドなので帰りが遅いことが多いのですが、妻が早く帰るときは妻が支度をし、その間夫は子ども二人を連れて近所でサイクリングしたりしていました。

2　女性の就労率は92％超

もう1軒のヤコブ夫妻は33歳同士。5歳の長男と4カ月の二男がいます。私どもが泊まったときは会社勤めの妻は出勤し、夫の方が26週間の育児休業を取って家にいました。この休業はどちらがとってもよいのですが、父親が取る割合はまだまだ低く10％に達しません。それは、平均賃金がやや低い妻が休業を取った方が収入面で有利であり、生後半年くらいはずっと面倒をみたいという女性が多いからです。ヤコブの家庭で夫が取っていた理由は、失業保険と同額の支給はあるものの手取額は前より下がるのですが、彼が公務員なので差額が補填されるという規約があるからです。

この二人は、4年同棲して長男が生まれた後、普通のスーツ姿で市役所の記念室に行って結婚式を挙げ、正式に婚姻登録しま

育児休暇中の父親

幼児保育園

した。登録婚の方が家を買うときに融資が受けやすく、子に対する親権が父母平等になるからです。式後、出席者一同でレストランで食事をし、若い仲間でボーリングをし、二人で家に戻って夫が作った食事を食べて終わり、費用は約23万円だったといいます。凝ったドレスを着、数十人のパーティーを開く教会結婚式をするペアもいて、そうすると150万円位かかるとのことでしたが、平均700万円といわれる日本の挙式に比べると、なんと安上がりのことでしょうか。二人で何度も旅行していますから、新婚旅行はいらないのです。

出産後半年または1年間はどちらかが休業をとって家庭で育てますが、1、2、3歳児は「幼児保育園」か「保育ママ」に、4、5歳児は「統合保育園」（幼稚園）に預けて共働きが復活します。30歳前後の女性の就労率は92%を超えていますから、特別な事情がない限り専業主婦はみられません。幼児保育園は午前7時から午後5時まで、職員は途中で交代します。統合保育園も同様です。

3　学費・医療費・老後費が不要

日本の夫婦に、「なぜ子を生まないか」、「なぜ一人にとめておくのか」を聞くと、最も多い答えは「教育費がかかって大変だから」です。実際、中学から大学までを私立で過ごすと、計1700万円かかるという試算があります。

ところが、デンマークではこの質問は意味をなしません。義務教育である小中学校（フォルクスコーレ）をはじめ、高等学校（ギムナジウム）、各種実業学校、専門学校、大学などがほとんど公立で、授業料なしだからです。進学のための予備校や学習塾に当たるものはありません。専門学校や大学へ進学する者でも、教育に親の金がかかるという発想は全くありません。このこともまた、少子化克服に大きく関係すると思われます。

6歳児は小中学校に併設された就学前学級に入ります。各市町村に設置が義務付けられていますから、99%は通っていて、ゼロ年生と呼ばれます。そこでは学習はなく、他人に慣れ、お話をよく聞いて、学校に慣れるだけでよいのです。

7歳から9年間の一貫教育が始まりますが、日本との相違がたくさんあります。第一に、少人数学級で20人以下が普通です。第二は、国語を担当する教員がクラス主任、算数の担当教員が副主任となり、原則として9年間を持ち上がります。教員は各校毎に選考して採用されるので、数年での転勤はありません。

このこともあって、義務教育期間中は、テストや宿題や通知表に当たるものがないという第三の特色をつくります。評価は競争を作って人間関係を疎外するし、詰め込み教育は早くからの勉強嫌いを生んでよくないというのです。重要なことは、他人の話をよく聞く、自分の頭でよく考える、まとまった考えを発言できる人間をつくることです。これには、高校の場合でも大学の場合でも受験競争がほとんどない、卒業した学歴によって収入の差や社会的評価の違いがあまりないことを大きな背景としています。大金持ちや貧乏人がなく、社会的格差がほとんどない社会なのです。「ジニ係数」で証明されたように平等度は世界一です。

第四に、中学3年を終わった生徒がそのまま全員卒業しません。10年生クラスが用意されていて、学習未熟な者はもちろん、精神や身体の発育が不十分な者には、先生が卒業しないことを勧めます。もちろん親も加わってです。普通は簡単に承諾されます。全国では、45%を超えるほどの大きな数なのです。

かくして、勉強が好きで向いている者のみ約30%が高校へ進学します。そしてその卒業生もストレートには上級学校へ進学せず、海外での労働や修業など2〜3年の実生活経験を積んだ上で「大人になる前に考える時間」を置き、その上で大学なり専門学校へ進学していきます。そのためか、同年齢の日本人に比べると、はるかに落ち着いています。

4　結婚相手に望む条件

ホームステイ先で若妻とその友人が集まったとき、結婚相手に望む条件を聞いてみました。すると、「①勤勉、いい仕事に就いている人よりもきちんと仕事をする人、

②アルコールを飲まない人、③きちんと話ができる人、④お互いに尊敬できる人」の4点がすぐに挙げられ、それに⑤良い父親になれそうな人、を加えたいという声が出ると、他の人も皆賛成しました。日本で先頃はやった「三高（収入・学歴・身長が高い）」とは何という違いでしょうか。

こういう女性側の希望を受けて、男性側もかなり変わってきました。県の平等委員会委員であるハンス（男）の言葉を一例としてひいてみましょう。

「はじめは何もできなかったので、妻から手ほどきを受けた。今では何でもこなせる。子どもたちも妻も自分を頼りにしている。子どもたちと遊ぶときには、父親的な乱暴な遊びを故意にする。子どもにいろいろな生きざまを見せ、男性観を与えるのもまた重要だからだ。子孫とのつながりが感じられるので、ちょうど昔の女性のような、孤独感や空虚感を感じることはなく、毎日が充実している。この喜びを取り上げられたくないので、女性に台所に戻ってきてほしくない。自分たちの親世代のように、家庭内で父親が経済的にのみ存在していると、妻は夫の地位と給料にだけひかれて自分と一緒にいるのではないかと、常に疑っていなければならなかったが、今日では夫の中身だけで女性から選ばれるので、一緒にいることは愛がある証拠と確信できる。仕事

夫婦で育児

に夢中になり、一緒に語り合うに足り、刺激し合える、そして経済的にも潤してくれる、そのような妻を現在の男性たちは求めている。経済的に家庭を支えるというくびきから逃れた男性は、解放感に溢れている」

女性ジャーナリストのハナ・ホルストはハンスのことを、「強くて、自信があって、感性の良い、デンマーク女性と釣り合いのとれる新しい型の男性」と呼んでいます。

このような姿が新しい理想像になりつつありますが、すべての階層でうまく進んでいるわけではありません。肉屋でやっと管理職に昇進した二児を抱える人妻ヘンリエッタはこう言います。

「同棲4年目までは、私たちも口喧嘩ぐらいでしたが、一年前に協力しない夫に対し、私の堪忍袋の緒が切れてから思いかけず事態は好転しました。掃除は人を雇うことにし、子どもの送り迎えも交代でしてくれるようになりました。夫が家事をしない原因は、夫が父親と息子を非常に甘やかす伝統的な家族に育ったからだと思います。私は毎朝5時に起きて6時半には店に着いていなければなりません。とても疲れますが、仕事はお金を意味します。離婚をたくさん見てきているので、確実に自立していたいと思っています。育児休業など取らずに、自分の将来の年金が減らないようにしたいのです」

このような意識の改革があったればこそ、デンマークでは子育てと役割についての夫婦の分かち合いが進んできたのだと思われてなりません。

（本稿は、湯沢「分かち合う夫婦と子育てをサポートする社会」ＭＯＡ商事編『楽園』平成16年夏号所載を加筆訂正したものです。なお、さらなる詳細は、湯沢雍彦編著『少子化をのりこえたデンマーク』朝日選書、２００１年、１３００円をごらん下さい。）

ラテンアメリカの家族

三橋　利光

序

ラテンアメリカと言われる地域は、地理上は南北に連なる広大なアメリカ大陸のうち、北部の南端に位置するメキシコと、そこからさらに南へ延びる中米・南米全体を指す。地域研究ではさらにメキシコの東に広がるカリブ海地域をも含めることが多い。総面積は日本の約54倍（世界の陸地の15％に相当する）、人口は、5億5千8百万人（2006年）で、世界総人口64億7千9百万人（同2006年）の8％強を占める。この地域全体の国の数は全部で33カ国になる。

この巨大な地域圏に及ぶ家族全般について語るのは難しい。それでもこの地域全体の基本的特徴としてつぎの4つの要素を押さえておくと、ラテンアメリカの家族の理解に大いに助けとなるだろう。第1に、地域による多様性（国や地域によって異なる風土・地勢・文化）と同時に共通性（カトリックの信仰が圧倒的であり、原語としてスペイン語・ポルトガル語を主要語とするなど）が見られること。第2に、歴史上3世紀にも及ぶ長期の（スペインおよびポルトガルを宗主国とする）植民地時代の経験が、多くの国々の社会構造・政治形態・慣習・文化などの諸側面に現在まで色濃くその影響をとどめていること。第3に、（第2との関連で、）植民地時代から人種の混交が行われ、白人・混血・黒人・インディヘナ（インディオともいう）など人種別構成を反映した階層社会が出来上がっていること。第4に、「中進地域」としてのラテンアメリカは、統計に表れるいくつかの際立つ基礎的特徴があること。（1）都市化率（農村人口に比して都市人口の割合）がかなり高いこと（正確ではないが、カリブ海地域を除くラテンアメリカ諸国で平均するとおおよそ70％程度の人口が都市に居住していると想定される。日本の場合は、65・4％、２００３年）。（2）15歳以下の弱年層人口及び15歳から29歳までの青年層人口の割合が比較的多く、両者を合わせると各国の全人口の半分以上を楽々と超えており、若い人々が比較的多い地域であり、高齢社会に入った日本とは対照的であること（日本は、両者をあわせて、31％、２００６年）。

さらに人種の観点からは、白人の多い国（アルゼンチン・ウルグアイ・コスタリカ・チリ）、混血メスティソの多い国（メキシコ・コロンビア・ベネズエラなど）、インディヘナの多い国（グアテマラ・ホンデュラス・ペルー・ボリビアなど）に分けられ、この分類によっても家族を巡る特徴に違いが見られるかもしれない。

上述の諸点を踏まえて、本論考ではラテンアメリカの家族に関して大きく以下の二つの部分に分けて考えてみたい。第1に、ラテンアメリカ各地域に、程度の差こそあれ共通して見られる伝統的ともいえる特徴3点を取り上げ、解説する。第2に、それらの特徴が近年、大きな変革を迫られ、一部では現実に変容を来たしている状況を説明する。最後に、第1と第2のまとめとして、将来はどうなるか（伝統的ラテンアメリカの家族とその文化は変わるのだろうかという問い）を考えたい。

I　ラテンアメリカの伝統的家族の特徴

1　家父長主義（父権主義）の名残

植民地時代のラテンアメリカは、スペイン系植民地とポルトガル系植民地（ブラジル）においてそれぞれ大土地所有制が発達したが、その形態は多少異なるものであった。後者（ブラジル）では、砂糖などプランテーション農業が行なわれており、大農園の所有者は、そのなかで家族はもとより、召使、奴隷などをいわば丸抱えで支配し、厳重な主従関係の下で、絶大な権力を振るいながら、拡大家族制を維持していたのである。前者（スペイン系諸国）では、地方の大土地（「アシエンダ」と呼ばれる）に、ペオンと呼ばれる労働者を縛り付けて働かせており、そこでも確かに主従関係は結ばれていた。しかしながらその大土地所有者は普段は都会に家族とともに住み、「アシエンダ」を管理人に任せていた。それゆえ両者において、家父長主義（父権主義）が見られるといっても、そこには自ずとニュアンスの違いがあるだろう。

しかしながら、双方ともに、（また日本を含む他の多くの国同様）過去において家父長主義は制度上保障されていたのである。とくにラテンアメリカでは父権優先の差別的な家族関係法が改正されたのが１９８０年代末以降という、かなり最近の現象であることに留意すべきだろう。したがって、ラテンアメリカの人びとの意識としては、（とくに一定以上の年配の男性においては）今もって、強弱の差こそあれ、（またそれを表面上あらわにするか否かは別として）家父長主義の感覚を引きずっている者が少なからずいるとしても、不思議ではない。しかしこの感覚は程度問題ということもある。まとめると、（一般化することには注意を払うべきだが、）ラテンアメリカ社会・文化の底流には家父長主義（父権主義）がごく最近まで残存していた、と言えるだろう。

2　カトリック信仰と代父母制度とネポティスモ

ラテンアメリカの人びとの多くがカトリック教を信仰していることはよく知られている（各国とも、人口の平均90％前後はカトリック教徒であろう。またアルゼンチン・ボリビア・ペルーのように、公式宗教としてカトリック教を指定している国もある）。カトリックが新教（プロテスタント）と異なるのは、カトリックでは信徒にたいする教会の権威が強大であり、階級や個人にもよるが、一般的に信徒の生活の隅々にまで教会の影響力が直接及んでいることである。またラテンアメリカの司教区は、世界の他の地域同様、ローマ・カトリック総本山を頂点とする位階システムに組み込まれている。ラテンアメリカのカトリック教会の建物自体も荘厳で豪華なものが多く、その大きく静謐な空間の中に入ると、キリストの像のほかに聖母マリア像が優しい眼差しで迎えてくれる。そのマリア像の顔は、ラテンアメリカのインディヘナと同じように、褐色の肌をしている場合も多い。この教会の中で、人は生活の苦悩や不安から一時的にも離れて、少なくとも現代社会のストレスで疲れた精神は安らぎ、安堵の気持ちで充たされることだろう。メキシコの場合は、「グアダルーペの聖母」といわれる聖母マリアへの篤い信仰が国じゅうに浸透している。もっとも、カトリック信者が多いといっても、よく言われるように、熱心な信者は貧しい階層においてこそ顕著に見られるものなのかもしれない。しかしながらカトリック教の信仰に結びついた地域的慣習は、町や村で守られている公的な祝祭行事にだけでなく、きわめて自然で一般的なものとして階級を問わず、人びとの日常的な家族生活に残っているものが多い。

その一つに代父母制（コンパドラスゴ）という慣習がある。もともとカトリック教会で「パドリナスゴ」という制度があり、それから転用された慣習と考えてよい。「パドリナスゴ」とは、教会での家族の重要な儀式である幼児洗礼のときに、実父母とは別に、立会人としての代父母が出席し、この代父母と、洗礼を受けた代子とが、生涯にわたって精神的親子関係を維持するというものだ。この代父母・代子関係の軸に、子の実父母が加わって、代父母・実父母・子という三つの輪をなす擬制的親族関係を維持するという慣習に発展したものが「代父母制（コンパドラスゴ）」なのである。この慣習の特典は、低い階級の家族にとっては、地域の有力者を代父母にすることによって、経済的な支援（子どもの教育費など）を期待できることがあり、また地域の有力者にとっても、自らの政治力を拡大するチャンスにつながる点にある。

このような擬似的家族関係から、いくつもの擬似的家族関係ネットワークが張り巡らされるようになり、これが全体的にもあるいは部分的にも相互扶助組織として機能するまでに発展しているようだ。もともとラテンアメリカでは、家族を大事にする習慣が残っていることはすでに指摘した。それとともに友人関係が大切である。一般化は難しいが、多くの場合、友人関係が深まれば、家族関係の付き合いに発展する。こうして家族関係・友人関係をさらに広く、豊かにする契機となるのが、代父母制（コンパドラスゴ）といえるだろう。しかしながら、ラテンアメリカにおける友人関係においては、経済的な面での利便性や特典を求めて友人関係を広げるということもあり得る。しかしながら、（おそらく他の地域と同様に、）本来的には、お互いの「人間」としての特定の資質や性格を認め合った上ではじめて「友情」という精神的な靭帯を築くことができるのであり、その精神性ゆえに「友情」に価値を置く、という本質的な側面があることを見逃してはならないだろう。

とはいえ、ラテンアメリカの家族形態は、こうして血族を中心とする家族関係から、擬似家族関係へ、さらに友人関係から発展した家族ぐるみの付き合いへと拡大していくのである。つまりラテンアメリカでは、家族形態の拡大によって、(友人関係の拡大とともに、)人間関係の広がりを志向しているようにも映る。そうした傾向は確かに他の地域にも見られることだろうが、日本人の眼にはとくにラテンアメリカに顕著に現れているように映る。それが、ネポティズム(身内びいき、縁故主義)につながる可能性は大いにあるだろうし、実際のところ、(ラテンアメリカのすべての国ではないにせよ、)政界、実業界に、さらにまた両方にまたがって、ネポティズムの事例には事欠かないといわれる。また拡大家族を中心とした考え方は、同族的経営という形式でブラジル社会では歴史に根ざしたものになっている。

このように人びとのカトリック信仰が、ラテンアメリカの拡大擬似家族の成長を促し、またそれがネポティズムを助長しているという側面が見えるように思われる。

3 マチスモとマリアニスモ 家族における夫・妻像、父・母像

10年ほど前のことだろうか、日本ではメディアを介して巷で「マッチョ」という言葉がしばらくの間、流行ったことがあったと記憶する。それが喚起するイメージは、

プロレス選手のような筋骨隆々で逞しく、立派な体格を持ち、女性を片腕だけで軽々と抱き上げることのできるような、いかにも男っぽい男、といったところだろうか。ラテンアメリカで、とくにメキシコで「マチスモ」というのは、上述のイメージをも含め、社会や家庭が「男性優位を前提とする傾向」のことであり、ことさらに男性性を志向することである(1)。メキシコでは、男性は「男性的でなければならない」という、いわば暗黙の社会的前提が存在するようだ(2)。この前提から発した、メキシコの家族関係―より具体的には夫婦関係・親子関係―に関して、興味深い社会心理学的解釈が与えられている。その説明によると「マチスモ」というのは、その発生から見ると、自らの男性性に対する不安を打ち消そうとして、逆に過度の男性性を追求することによって、精神的安定を得ようとする対抗措置なのだそうだ。しかしマチスモが社会に浸透していると考えられるメキシコにおいても、それにたいする評価は、階級によって異なる。下層階級ではマチスモが当然とされ、その表現形態があからさまで可視的なのに対し、中間階級・上流階級では、それを否定的に見ているために、その感覚を抱いている自分を隠そうとするものの、よりソフィスティケートされた形で表現されることが多いという。

このマチスモとの関連で、メキシコの家族には二つの大前提がある。第一に、父親の完全な優越、第二に、母親の完璧な犠牲、というものである。この原則自体が「マチスモ」を表現しているものであろう。メキシコの中間階級の家は構造上、玄関に通じるドアの外側にドア・ノブがついていないものが多く、それは家には必ず妻や子どもや、子守がいるものであり、ドアは外から夫が帰ってきたときに内側から開けるもの、という慣行があるからだという。また、メキシコの中間階級の結婚に至るまでの男女関係―フィアンセ同士―、および結婚後の夫婦関係は、ごく最近まで、あるいは今でも、独特である。メキシコの若い男性は、（おそらく他の国の若い男性と同様に、）結婚前の相手の女性に処女性を求めるために、（また社会もそれを求めるために）、フィアンセの女性との性的交渉は控え、フィアンセ自らの性的欲求は売春婦によって満たそうとする。そしてフィアンセの女性は、婚約期間中はお姫様のように丁重に扱われる。ところが結婚後においても、夫となった男性は、もとフィアンセであった妻にたいして、（おそらく自分の子どもをもうける意図以外では、）性的交渉をなるべくしないようにするという。それは、せっかく長い婚約期間に、相手との性的欲望を抑え、自分の好みの女性に育て上げた妻を、汚したくないという、メキシコ人男性の潔癖さの表れであるというのだ。このようにメキシコ人男性が、妻に対して期待するのは、性的満足というよりも、むしろ「純潔性」、「家庭性」、自分の子どもを育てるという意味での「母性性」であり、その根底にはロマンチックなものが秘められているということだ(3)。

こうした慣行があるとすればその背景には、男性が求める妻の理想像が、(上述の家庭的なという性格のほかに、)「聖母マリア」だからであり、自分の妻は、まさに聖母マリアのように、純潔、貞節、従順、寛容、慈愛などを兼ね備えた女性であってほしい、という願いが夫の側にあるからなのだ。それは一般的には「マリアニスモ」(聖母マリア崇拝、ないしは聖母マリア理想像)と表現される。メキシコの場合は、より具体的な「グアダルーペの聖母」に、最高の宗教的、社会的価値が付与されており、その「純潔な」・「聖なる」・「処女の」母という属性は、たんに男性側が描く妻の理想像というだけでなく、メキシコ女性にとってもそれは至高の存在であり、したがって、メキシコ社会が求める理想の女性像ということになるのだろう。

しかしながらメキシコの妻の立場から言えば、妻は、婚約時代の王女様のような状態から、結婚後は、一転して夫に隷属する存在となり、しかも家の中に半ば閉じ込められた状態になって大きなショックを受けるのは当然であろう。しかしそれを救ってくれるチャンスは残されているのである。つまり自立した人間として立ち直るきっかけを与えてくれるものが、「母親」になることなのである。それによって妻は、家庭においても、社会においても自分の地位を確立することができるという。なぜならメキシコ社会でもっとも尊敬され、高い価値を付与されているのが、まさしく「母親」だからである。まさに母親になることによって、家庭内のミニ・グアダルーペの聖母になり、家族じゅうの愛と尊敬を一身に集めることができるようになるのである。こうしてメキシコの若い母親は、子育てに専念するようになるが、その場合でも、母親として、女の子よりも男の子を好むという。その理由は、男の子を従順にして、コントロールすることによって、満足感をより大きくすることができるから、と説明される。つまり、自分が夫という男性の支配を受けているという現実の裏返しの心情であり、そこにマチスモの影響が女性にも見られることの証左としている(4)。具体的には、男の子の場合は、「男らしく」育てるが、夫の代わりとして、より自分に忠実で、従順な「第二の夫」に仕立て上げようとする。また女の子の場合は、自分と同じ運命を辿ることになることを意識しながら、女の子らしく育てるようだ。メキシコでは、とくに母親と子どもの結びつきが強く、子どもは母親に依存的になり、母親にたいする「甘え」が生まれ、こうして母子関係はきわめて緊密なものになる、と同時に、この依存関係の輪は、次第に広がり、社会の中でも、2で扱った、コンパドレ・コンマドレ関係へ、さらに友人・知人関係に広がっていくものだ、と説明される(5)。

ところがさらに、メキシコ人男性は、結婚後、妻が妊娠したとき、あるいは自分の子どもが満一歳になる頃までに、家を出ることが多い。その原因は、自分の乳幼児体験にさかのぼり、自分にとって最愛の母を、弟や妹が生まれることによって奪われた、という子ども時代の心理的ショックが、一種の外傷体験として成人した後までも潜在意識の中に残っているためだという。つまり子ども時代に母との関係で体験した耐え難い苦しみを、今度は妻との関係で繰り返したくない、という思いからなのだという。この点、われわれは、ともすると父親の家出なぞ、たんなる浮気心と考えがちかもしれないが、メキシコ男性としては、強度の精神的葛藤があり、それだけ乳幼児期の母親依存が強固であったことを理解しうるのではないだろうか。

メキシコの上記の例が、21世紀の現在、ラテンアメリカ全般に、また当のメキシコにおいてさえどれほど通用するか、は問題の残るところだろう。しかしながら、ラテンアメリカ全体で、少なくとも「マチスモ」、「マリアニスモ」はラテンアメリカ社会の背景をなす文化としては残っており、ラテンアメリカの家庭での母親の存在はきわめて大きく、社会的にも尊敬されている。（これは「マリアニスモ」が浸透しているという理由を立てることで、ある程度は説明できるだろう）。さらに結婚後の男性による家庭放棄はラテンアメリカの多くの国に見られるため、（想定される離婚の増加とともに、）結果的にラテンアメリカでは、母子家庭がかなり多いという特徴が生まれるのではないだろうか。

以上の検討により、本節は、暫定的には次のようにまとめることができよう。つまりラテンアメリカの伝統的な家族関係は、（おそらく他の地域同様に、あるいはそれ以上に強力に、）夫婦関係や親子関係にとどまらず、男女関係から、さらには友人関係、また広く人間関係と深くかかわりを持つ。さらにそうした家族を軸とした諸関係の基盤となっているもの、あるいは背景にあって、家族関係から始まる拡大する人間関係の網の目に強力に作用し続けているものが、父権主義であり、それが時として直接的にせよ間接的にせよマチスモとして表面化する。さらにカトリック教は主要には伝統的な家族制度の維持に貢献するとともに、家族関係の中に現れるマチスモ（ならびにマリアニスモ)の弊害(ドメスティック・ヴァイオレンスなど)から守る役割をも果たしてきた。

Ⅱ　近年におけるラテンアメリカ家族の変容

1　ラテンアメリカの女性をめぐる外的変化

Ⅰで検討したラテンアメリカの家族の特徴は、(おそらく他の地域同様に、)ラテンアメリカにおける女性の地位や女性を巡る状況にそのまま連結している、あるいは少なくとも密接に絡み合っていることが理解できる。しかるに1970年代から90年代にかけて、ラテンアメリカの女性をめぐる環境は以下の諸点で劇的に変化したといわれる。具体的には、(1)人口増加率の急速な低下、(2)寿命の延び、(3)教育の普及、(4)労働市場への進出、(5)政治の意思決定過程への参入である[6]。

さらに社会や家庭における女性自身の地位向上に関しては、フェミニズム運動や国連が主導した役割が大きい。とくに国連は、1975年に「国際女性の10年」を制定し、その第1回世界女性会議をメキシコで開催して以来、79年には、国連総会で国連女性差別撤廃条約を採択し、1985年には、第3回世界女性会議（ナイロビ）で「国際女性の10年」を総括した。さらにその10年後の1995年の第4回世界女性会議（北京）では、「北京宣言および行動綱領」で貧困・教育・健康・暴力などの項目に関し、課題と目標が明記された。

そのような国連の働きかけに呼応したのがラテンアメリカの市民運動であり、各国政府に行動を促し、また自分自身も成長していったという。ともかくも、20世紀最後の25年の間に、ラテンアメリカ女性をめぐる外的指標は著しく改善されたのである。平均寿命が、65歳から72歳へと延び、一人の女性が生涯で産む子どもの数（合計特殊出生率）が5人から3・1人へと減少し、教育水準が向上して、非識字者の割合が35%から10%へと減少したばかりか、高等教育（大学）では、男子学生と女子学生の割合はほとんど同数に迫っており、いくつかの国では女子学生の割合の方が大きい。経済分野の進出では、22%から35%へと伸びを示し、専門職・管理職に占める女性の割合はかなり大きく、平均すると日本の女性の割合を上回る。

上述のうち、経済上の変化は、1980年代にラテンアメリカが経験した「失われた10年」といわれる経済停滞期と関係を持つだろう。よく知られているように、ラテンアメリカは1980年代に、対外債務危機に見舞われ、IMF主導の構造改革路線に従い、国内経済の再編、緊縮財政、社会保障予算削減、などを余儀なくされた。この間、ラテンアメリカの中間層の一部は、下層化したとよく言われる。多くの主婦は家計を支えるために共働きをせざるを得なくなり、職業を持つようになったのである。また1990年代のラテンアメリカでは、男女差別に対して女性たちが異議を申し立て、抗議行動を起こすことが当然とされるようになり、軍事政権への抵抗運動、反戦運動、ドメスティック・バイオレンスにたいする反対運動などに、実効性を示してきた。

このような女性をめぐる環境の変化また女性自身の変化は、そのままラテンアメリカの家族の状況にも必然的に変化をもたらさないわけはないだろう。

2　ラテンアメリカの家族の変化

20世紀末のラテンアメリカでは、女性をめぐる環境の変化とともに、それまでの家族の状況が大きく揺らぐことになった。つまり少子化と単一家族化が進行し、離婚が増加し、女性を世帯主とする家庭が急増したのである。家族関係の要素でこの変化と

第1表　ラテンアメリカ（17カ国）の都市での家族形態

単位:%

国	年	一人所帯	核家族	拡大家族	複合家族	その他	合計
アルゼンチン	1986	11.3	71.9	12.3	0.4	4.1	100
	1999	15.5	67.2	11.7	0.4	5.2	100
ボリビア	1994	7.6	71.2	15.7	1.7	3.8	100
	1999	8.7	71.5	15.4	0.3	4.1	100
ブラジル	1987	6.9	76.8	11.2	1.1	4.0	100
	1999	9.2	69.2	16.8	0.8	4.0	100
チリ	1987	6.4	61.6	26.0	1.6	4.5	100
	1999	7.5	65.1	22.1	1.1	4.2	100
コロンビア	1986	5.0	68.6	18.8	2.3	5.3	100
	1999	6.7	60.1	25.2	2.3	5.7	100
コスタリカ	1988	4.4	68.2	19.3	3.2	4.9	100
	1999	6.2	68.4	18.4	2.5	4.5	100
エクアドル	1999	6.0	63.0	22.9	3.5	4.6	100
エルサルバドル	1997	7.1	55.0	28.7	2.5	6.7	100
グアテマラ	1998	4.3	63.2	26.6	1.8	1.8	100
ホンデュラス	1994	3.4	58.2	29.1	4.7	4.7	100
	1999	5.5	53.9	29.9	5.2	5.5	100
メキシコ	1984	5.2	70.3	19.2	0.7	4.6	100
	1998	7.5	72.8	16.4	0.2	2.8	100
ニカラグア	1997	4.4	57.0	29.0	4.7	4.9	100
パナマ	1986	12.0	61.0	14.2	5.9	6.9	100
	1999	9.6	58.4	24.6	1.4	6.0	100
パラグアイ	1986	6.1	53.0	28.7	7.5	4.8	100
	1999	8.8	57.7	24.2	3.7	5.6	100
ドミニカ共和国	1999	8.3	53.9	29.8	0.7	7.3	100
ウルグアイ	1986	11.9	63.3	17.2	1.4	6.2	100
	1999	16.6	62.7	14.5	1.2	5.0	100
ベネズエラ	1986	4.5	56.4	31.2	2.6	5.3	100
	1999	5.2	56.2	31.8	2.2	4.6	100

出所：ECLAC,based on special tabulations from household surveys in the concerned and www.ECLAC.cl/mujer/proyectos/perfiles/comparados/hogar7.htm

関連した変化にはさらに、夫婦期間の延び、初婚年齢の遅れ、などが含まれている[7]。このうち夫婦期間の伸びに関しては、メキシコの場合を例に取ると、40年間の夫婦生活、アルゼンチン・ウルグアイ・チリではもっと長くなるという。このように、ラテンアメリカの国ぐにも、先進国に近づいてきた側面がいくつか見られるのである。（この点は、後に触れる。）

家族規模の縮小現象は、1986年から1999年の間に明らかに見てとれる（第1表参照）。

この表で理解されることは、何よりもラテンアメリカの都市では核家族が大多数を占め、つぎに拡大家族が多いことだろう。またこの期間の変化では、（先にも指摘したが、）単一所帯がかなり増加していること、しかし複合家族はかなり少なくその変化も小さく、その他の家族（夫婦関係や親子ども関係はないが、他の血族関係がある）が、大雑把に見ると単一所帯と近似していることがわかる。ところで家族であるためには、家族の長と、家族構成員一人以上がいるはずである。その世帯主は、ラテンアメリカでは、夫婦がともに揃っている場合には、夫のほうが世帯主になるのが通例だろう。したがって世帯主が女性である場合には、夫がいない家族が想定される。

第2表は、（1）事実上の世帯主（経済的に家計を主要に支える役割）としての女性と、（2）戸籍上の世帯主としての女性とを区別して、それぞれの割合を示したものである。この表で興味深い点は、（2）戸籍上の世帯主としての女性（実際には、夫がいない家族と考えられる）よりも、（1）家計を支えるものとしての女性の割合がいくらか多いことである。そこから、一家に夫がいたとしても、その夫を差し置いて、家計に主要に貢献する働く妻の姿が見えるのである。つまり、マチスモといわれるラテンアメリカの文化の中で、男が外で稼いで家計を支えるのが当然と思われてい

第２表　家計を支える者としての、世帯主としてのラテンアメリカ女性

単位:%

国	年	女性が家計を支えている家族 (1)	戸籍上女性が戸主の家族 (2)	(1) - (2) の差
アルゼンチン	1999	33	27	+6
ボリビア	1999	28	21	+7
ブラジル	1999	33	25	+8
チリ	1998	28	24	+4
コロンビア	1999	36	29	+7
コスタリカ	1999	30	28	+2
エクアドル	1999	27	20	+7
エルサルバドル	1997	38	31	+7
グアテマラ	1998	30	24	+6
ホンデュラス	1999	36	30	+6
メキシコ	1998	27	19	+8
ニカラグア	1998	35	35	0
パナマ	1997	30	27	+3
パラグアイ(アスンシオン)	1999	33	27	+6
ドミニカ共和国	1997	32	31	+1
ウルグアイ	1999	36	31	+5
ベネズエラ	1999	30	27	+3

出所：ECLAC,based on special tabulations from household surveys in the concerned and www.ECLAC.cl/mujer/proyectos/perfiles/comparados/hogar7.htm

る社会が、少しずつ変わっていると思わせるのである。

また、実際の家計を支える者であれ、戸籍上の世帯主であれ、ラテンアメリカの女性は、20世紀末の時点でほぼそれが全体の1/4から1/3を占めるに至っていること、そしてそれが、インディヘナの貧しい家族に際立つ特徴であるようだ。その事実は、ラテンアメリカの経済格差のエスニシティを背景とした現実（貧困問題）を示しているのである。

他方で、ラテンアメリカの家族は、先ほど見たように、初婚時期の引き伸ばし傾向等、ヨーロッパの現代性とも共通するいくつかの要素が見られる地域、階層が明らかに存在する。その特徴は、（先の点に加えると）、（1）

独身者、および子なしカップル、(2) 結婚後、第1子誕生を遅らせること、(3) 同棲、(4) 離婚、(5) 家族構造の多様化、などが増えているのである。確かにこうした傾向はグローバル化に伴い、先進諸国に共通して見られると想定できる。それは一言で言えば、現代のライフスタイルの変化に伴う個人主義化の傾向であり、家族よりも個人に価値をおく考え方である。またそれがラテンアメリカの一部にも広がったという見方も可能かもしれない。さらにそれらの諸特徴が、今後のラテンアメリカ社会に強力なインパクトを与えるようになるだろうことは想像に難くない。それでは21世紀はじめの現在、上記の新しい諸傾向がすでにラテンアメリカ社会の古い家族の伝統を断ち切った、と言えるのだろうか。この点に関して本節後半部が主要に依拠してきた論文の著者イルマ・アリアーガによると、ラテンアメリカの経済社会的、人口学的変化により、女性は就労の機会をより広く持つようになり、社会政治的参加も容易になったものの、ジェンダー間の古くからの不平等の形態は再生産されている、と指摘している。(もっとも、繰り返しになるが、アリアーガの分析でもう一つ重要だと考えられるのは、ラテンアメリカもモダーニティ(現代性)の波にさらされているという事実である。)

しかしながらラテンアメリカの伝統的社会文化との関連では、これまで検討してきたラテンアメリカの女性をめぐる外的環境の変化にもかかわらず、また家族構造や家族の生活スタイルの変化にもかかわらず、21世紀の今でも、ラテンアメリカの家族のあり方に関してつねに顔を覗かせるのがマチスモであり、それを支えているのが父権主義である、という構図は変わらないように思われる。こうして本節の検討においても、前節の暫定的な帰結を確認することができるのである。

まとめと展望

本章では、ラテンアメリカの家族について概説することを目的とした。しかしその多様性の故、すべてを解説することははじめから出来ない相談であったにせよ、本章の焦点がどちらかといえばスペイン系諸国のメスティソ中産階級に当てられていたことを認めなければならない。つまりラテンアメリカの家族として、インディヘナや黒人のそれについて、検討しなかったこと、さらにカリブ海地域の家族について触れられなかったことは、本論考がテーマについて総括的ではないことを示しているだろう。

そうした限定性を認識しながらも、本論での以上の検討からは、ラテンアメリカの家族は一般に、グローバル化と個人化の波がどこにでも押し寄せていくように思われる21世紀はじめの現在、大きな変動期にあることが理解されるのである。ラテンアメリカでは伝統的に家族の絆は強固であり、（おそらく他の地域と同様に、）何よりも家族を大事にし、家族との食事を中心とした団欒をこよなく愛するという姿は、ラテンアメリカの人びとが世界のどこにいても自分たちの家族について共通して抱くイメージであろう。その家族の仲睦まじさは、カトリックの信仰を基本とし、一家の主のマチスモが時として顔を覗かせはするものの、親愛の情に満ちたものであるといえよう。しかし変動期にある現在、それはもう建前にしか過ぎなくなってしまったのだろうか。つまりⅠで検討した、伝統的なラテンアメリカの家族の特徴が、次第に薄れていくことに直結するのだろうか。

いくつかの点では確かにそういえるだろうと筆者は考える。つまりそれは、ラテンアメリカの家族形態の多様化であり、同時に、先進諸国が示している家族に関する現代の諸傾向のいくつかがラテンアメリカの家族にも見いだされるようになってきている、ということであろう。それは女性の自立・女性や子どもの人権の尊重・あらゆる面での男女平等への希求などと深い関係を持つ。すでに、家産制度の名残があったラテンアメリカの法制度においても、遅れたとはいえ、１９７０年代後半以降には、妻や子にたいする家父長的色彩を完全になくした国が多くなってきている(8)。理由は何であれ、ほんの10年ほど前までは、家族全員が揃って食事をするのが常であったのが、今では誰かが欠けているという家庭が少なくない。とくに父親不在で、母親と子どもたちだけという家庭が珍しくなくなっているだろう。また結婚後の女性が外での就労の機会を得ることが多くなり、夫婦共働きの形態が増えていることからも、ラテンアメリカの伝統的家族を色濃く特徴づけてきた家父長制度とマチスモは、次第に薄れていかざるを得ないだろう。しかしながら、それでもラテンアメリカでは家族の集いを大事にする習慣は残るだろう。成人した息子や娘が結婚後、月に何回かの日曜日にはその子どもたちを連れて、親元で食事を交えながら、ゆったりと一日を、あるいは半日を過ごすのである。このようにラテンアメリカの家族文化は残っているといえるだろう。

以上を総合してみると、ラテンアメリカの家族は、伝統的要素と新しい傾向とをしばらくは並存させていくだろうと予測されるのである。

注

（1）以下、マチスモとマリアニスモに関しては、角川正樹「11章 ラテンアメリカにおける家族の心理―とくにメキシコの家族について」（三田千代子・奥村恭子編『ラテンアメリカ 家族と社会』新評論 1992年）231－251頁を要約した。しかし一部筆者自身の意見を含む。

（2）同上、232頁。

（3）同上、243頁。

（4）同上、244－245頁。

（5）同上、248頁。

（6）以下、ラテンアメリカの女性を巡る外的変化については、国本 伊代「序章 ラテンアメリカの新しい社会と女性 20世紀最後の4半世紀の変化をめぐって」（国本 伊代編『ラテンアメリカ 新しい社会と女性』新評論 2000年）19－39頁から抽出した。

（7）イルマ・アリアガーダ（Irma Arriagada）は、ラテンアメリカの家族に関する総合調査を、1990年と1999年の2回にわたって実施し、その結果を含めて以下の興味深い論文にまとめた。本節は、この論文に依拠するところが多い。Irma Arriagada（2006）, "Changes and Inequality in Latin American Families" in *Journal of Comparative Family Studies*, Autumn 2006, vol.37, Issue 4, pp.511-537 初婚年齢の遅れに関しては、たとえばチリの場合では、1988年から1990年にかけて、男性の初婚年齢が26・6歳から29・4歳へ、女性の場合は23・8歳から26・7歳へと、上昇したことを報告している。p.519, Note 12

（8）奥村恭子（1992年）「7章 家族と国家―法制度から見たラテンアメリカの家族」（三田

千代子・奥村恭子編『ラテンアメリカ　家族と社会』新評論）179頁。

文学を通してみる沖縄の家族

与那覇　恵子

はじめに

アメリカの人類学者マードックによって提唱された核家族という概念は、日本でも一九六〇年代には一般的になっていった。現在、「家族」という言葉からイメージされる像でもっともポピュラーなのは、夫婦とその未婚の子供からなる「核家族」であろうか。三世帯、四世帯が同居する大家族のイメージがある沖縄においてもその傾向は変わらない。しかし核家族形態の家族にあっても祖先祭祀という儀礼は色濃く残っている。人は死によって社会的存在としての機能が終焉するのではなく、死後も現世の人々とのつながりが続く、と沖縄の人々は考えている。つまり「祖先」をも「家族」の一員とみなしているのである。それゆえに祖先が住むと考えられている墓は、最近では少なくなったが、現世に住む家より広大なこともあった。そのことは個人の死後には、現世の家族を越えた死後の家族との暮らしが待っていることを示す。そして死後の世界が安泰であるためにはまず「祖先の墓」に入らなければならない。

「祖先の墓」といっても「沖縄」各地でその内実はさまざまである。一般的に知られているのは門中墓《ムンチュウバカ》と家族墓であろう。「ムンチュウ」とは父系血縁を中心にした親族組織で、特定の先祖からの男系子孫全員をメンバーとする。彼らは死ぬと同じ墓に入り、子孫の守護者となる。門中の人々が入る巨大な墓が門中墓である。沖縄本島南部地域は門中墓が多く、とくに糸満の幸地腹門中墓が有名である。家族墓は「家族」単位の墓で、その成員だけを葬る。長男によって継承される。家族墓は琉球王府時代から造られていたが、明治・大正期に普及した。

どちらの墓においても女性が祭祀を司る重要な役割を担うが、未婚の女性は門中墓や家族墓には入れてもらえずその脇に造られた小さな脇墓に入れられることがあった。それは祖先との関係が希薄になるということで、祖先崇拝の根強い沖縄の人たちにとって耐えられないことである。一方、長男を生んだあと離婚して他家に嫁いだ女性の骨は、元夫の墓に入れられるという。沖縄には古来より姉妹（オナリ）に兄弟（エケリ）を守護し祝福する霊力が備わっていると考えるオナリ神信仰が根強く残っている。

門中墓

そこから女性の男性に対する霊的優位が一般的に認識されている。しかし、実生活においては門中や家族の墓に入れなかったり、自分の意思とは無関係に元家族の墓に入れられたりと、戦前から続く財産相続の男性優位の問題点も含め、民法改正後も女性に不利な状況が慣習として残されていることも事実である。霊的存在としての女性優位と現実の場における女性差別。そのアンビバレントな状況を女たちは生きざるをえなかった。

祖先崇拝を中軸に置く「伝統的家族」形態も、最近は大きな変容を見せている。ここでは沖縄の現代小説に描かれるた家族を通して「沖縄家族」の問題について考えてみたい。

1　お元祖《ウグワンス》家族に翻弄される女性たち

二〇〇一年に放映されたNHKテレビドラマ『ちゅらさん』の、霊的能力に加えて優しさと強さを併せ持つ「オバァ（祖母）」は「家族」の要として圧倒的存在感を放っていた。メディアによるそのオバァ像は、娘、孫娘へと継承される家族を守る沖縄の女性イメージを定着させる大きな働きをした。しかし、この女性像は戦前の沖縄の小説にはあまり見られないもので、戦後クローズアップされてきたもののようである。そのイメージに寄与したのが　大城立裕「亀甲墓」（一九六六年『新沖縄文学』第2号）のウシである。

「亀甲墓」は、アメリカ軍が沖縄本島に本格的な艦砲射撃を始めた一九四五年三月頃のある村を舞台に、戦禍をのがれて先祖の骨を祀ってある墓に避難する一家の話である。墓に逃げるのは、七十過ぎの善徳と後妻で六十過ぎのウシ、善徳の戦地に送られている長男の子供たちで小学六年生と四年生の孫、善徳の娘タケとその娘、徴兵を免れた片腕の栄太郎である。タケは夫が戦死した後、栄太郎と暮らしている。壮年の者や若者を戦地にとられた戦時中の残された家族の典型が、年寄りと女子供と身体の不自由な者という構図にみてとれる。

さて、家族を守る女性の意識が発揮されるのは、墓への避難の方法をめぐってである。年寄りと女子供だけの移動に危惧を感じたウシは栄太郎に助けを頼もうとする。だが、善徳は「不義の者」に助けられるのは世間に顔向けができないと渋る。そこでウシは次のように述べる。

「力になるもんは使うことてさ」

「命の第一てさ。命たすかるためてば、だれが物いうてか」

会話には沖縄口《ウチナーグチ》のニュアンスを伝えようとする意図がこめられている。ウシは世間体よりも「命」を優先することがまず大事だと語り、こんな時に非難する者はいないと説得するのだ。体面を重んじる男性の発想より「生きること」を重視する女性の発想。沖縄女性のバイタリティはこのような日常生活を生き抜くことにまず表れる。栄太郎の力も借りて、一家が落ち着くことができたのは沖縄独特の亀甲墓である。善徳には、普段住む住宅よりも「偉大」で、一家にとっては艦砲の難を避ける「精神力の

亀甲墓

保証をつけた要塞」と思える。内部は八畳間ほどあり、先祖代々の骨壷（厨子甕）が置かれている。そこで善徳は「偉大な守護の権威を感じとって安堵」する。

一方ウシも、墓に入って「なにか、すっとこう、……ついでに死んでしまいそうな気も」しながら「お元祖（ウグヮンス、先祖のこと―引用者注）たちが一家の命を救うてくださるという信念」を持つ。ウシは一度離縁された実家に戻った身である。「余計者」の自分は、実家の墓に入れば骨は特別な並べ方をされ「あの世でも先祖から因縁をつけられるのではないか」と恐れていた。そんな時、善徳との結婚話が持ち上がった。その結婚は彼の老後の世話と先祖の祀りのためだと分かっていたが、結婚すれば善徳の先祖の墓に入ることができるので「余計者」の自分の死後の場所が確保されたのだと納得して後妻になった。ウシは自分を迎え入れてくれる善徳の「先祖」に報いるためには彼や孫に尽くすこと、先祖を祀ることが自分のなすべきことだと考えてきた。「あの世での先祖とのおつきあいにも事欠くまい」と思えるほどに一生懸命努めてきたのである。

沖縄の家族制度は、来世での「先祖」たちとの交わりが終の棲家になるという観念を植えつけて妻や母を夫や家に縛りつけてきた。それは単に女性を抑圧するという形をとらずに女性の霊的能力の高さを持ち上げて祭祀を任せ、家族の死後の安泰も女性の力によるものだという「神話」を生み出した。強く女性を支配してきたその観念を象徴的に表現するのが、艦砲射撃で死んだ善徳の茶毘を、親戚一同を集めて行おうとするウシの行動である。

善徳は畑の藷を掘りに行った時に、親戚の善賀先生が藷を盗んでいるのを見つけ、追いかけようとして艦砲弾にやられる。ウシは善徳の茶毘をすべく激しい艦砲射撃のなかを、避難している親戚一同に茶毘の日時を伝えに行くよう栄太郎とタケに指図する。

「ばあさん。こんなときに親類まで……」

栄太郎は、さすがに落胆とおどろきがすぎて、声がふるえた。けれども、ウシは動ずる様子がなかった。

「こんな死にかたをしたじいさんを、ダビもせんでいかしたら、わしは、お元祖に叱られるもんなあ」それから、しみじみ厨子甕の群をみわたしたあげく、「善賀先生がまだ知らんでいるなら、なおさらのことてさ。そのままにしておくと、じいさんは恨みもったままで行くもんなあ。あの世でお元祖にそんなに申しあげたら、善賀先生も申しわけのたたんもんなあ。わしは後嫁にきてからに、親類中にそんな不義理させては、身の立たんもんなあ」

生きている者の危険よりもここでは儀式が優先されている。それは死後の安定した生活を確保するためのウシの無意識の打算ともいえる。躊躇する二人にウシはさらに『じいさんは、もうお前たちをゆるされてから行ったでだからなあ。お前たちもダビしてあげれば、孝行のしあげどなあ』」と語り、二人の気持ちをゆさぶる。ウシの意向を受け入れた二人は、親類の居る場所に向かう。だが、その途中で二人の死が暗示され、墓の近くに敵兵が現れている様子が示される。小説の最後は次のように閉じられている。

　これらの一切をあずかり知らないウシが、孫たちといっしょに善徳の遺骸をみつめて誠実な親戚を待ちかねている、その亀甲墓に、火線はゆっくり、しかし確実に近づきつつあった。

　家族全員の死を予感させて小説は終わる。生は死にふくまれると考えるのが沖縄の祖先崇拝であろうが、生を守護してもらうための先祖への儀式が死を招くという深いアイロニーがここには存在する。米須興文は「沖縄のばあさんには、ものに動じない悟りきった行者の風格すらある。作中では、このばあさんが見事に描かれている」（『青い海』一九七八年六九号）と指摘しているが、この「ものに動じない悟り」とは艦砲が何を意味するのかも分からない庶民の無知と通ずるものでもある。これまで通りの慣習に則って行動することが最善の策だとみなす思考の停滞。ウシに体現されているのは男系の家族を存続させるための女性に課された共同体の価値観ともいえるだろう。この小説は戦争による家族の消滅を描きつつ、女性を縛る「お元祖」を中心にした伝統的家族の矛盾が暴かれている。

　しかし「お元祖」を軸にした伝統的家族の観念は、戦争後も生き延び女性を抑圧する。大城立裕の「厨子甕」(『群像』一九八六年一二月号)には、お元祖を祀る子孫を残せない女が神経を病んでいく状況が描かれる。

真謝悦子は小学校の教師をしており、夫の康一は消防士で、姑トシの三人で暮らしている。悦子は一人息子の康彦を肺炎で亡くした後、三五歳まで子供に恵まれていないが、三人の生活にそれなりに満足もしていた。そんな折、ユタ(巫女)が康一と安次富千恵という女性の間に生まれた子供の喘息を治すためにと康一の父の「ウグヮンスを拝ませてほしい」と尋ねてくる。戦争中に康一の父は行方不明になり名前も分からない、というのがそれまでのトシの説明であった。戦争前に読谷飛行場を造る人夫と親しくなり康一が生まれた。しかし男は徴兵されたのか康一の生まれる前に姿を消した。トシは男に捨てられたと思いながら戦渦を自力で生き延び、女の矜持から康一を「戦後の戸籍整備のとき認知のない私生児として届け」たのである。トシは「この家は康一からはじまると考えていて、ウグヮンスなど関係がない」と思ってきたが、孫の状況を聞いて男の名前が古堅康信であると明かす。

悦子は、新しく生まれた子供の名前を夫が康彦と名づけたこと、姑が孫のためにウグヮンスの名前を明らかにしたことで「その子が、この家の筋(直系)になるのだろうか」「ウグヮンスはその子を守るためにあるのだろうか」と、自分の場所ばかりでなく死んだ子の居場所もなくなっていく不安にかられる。精神も身体も蝕まれていき、やがて頭痛がひどくなり、幻覚も現れる。

ドアが開くようでもなかったのに、総白髪の老人が立っていた。着物も真白であった。沓脱ぎのところに立って、しばらく悦子の顔をじっと見ていた。その位置からは悦子の寝室は見えないはずなのに、見ていた。なぜかと考えていると、いつのまにか悦子の枕許に立っていた。その不思議の意味を悦子は問うた。私は冥土から来たからなと、老人は答えた。

出現した老人は康一の父だと名のり、悦子を「助けにきた」と語る。老人は、夫からも姑からも疎外されたと感じた悦子の想念が生み出したものともいえようが、沖縄では家族の不幸に見舞われた女性の霊力がたかまり神憑かったとみなされる。家を継承していく子供を生めない、家族から疎外された女性をそのような形で救済するともいえようか。悦子は義父の指示に従い、博物館に集められた厨子甕の一つを康一の父のウグヮンスとして拝み、会話を交わす。その光景を見る博物館の人々は「またカミダーリ（神憑り）があったなと察」する。「また」という言葉に理不尽な状況に置かれてきた女性の多さが窺われる。家族の不幸に見舞われた女性や家族を喪った女性はカミダーリし、その後にユタになることが多いという。家族から疎外された者は、他人を「救う」「ユタ」として自分の居場所を確保するのである。悦子もすでにその範疇に入っているといえる。自分を抑圧するシステムであるウグヮンスを第一の価値に置くのもまたユタである。しかし悦子は最後に「今の世には、ウグヮンスの力が及ばないこともあるかも知れないのですよ」と、康一の父に語る。

男の子を生めずにウグヮンスを祀れない女性を抑圧する男系のシステムは、「カミダーリ」と「ユタ」という装置を生み出し、家族の外部にそのような女性たちを囲い込んできた。大城立裕は、悦子に「ウグヮンスの力が及ばないこともあるかも知れない」と語らせることで、ウグヮンス中心の、女性に決定権のない伝統的家族のありようを強く否定したといえよう。

2　異文化接触による家族の変容

ところで真謝一家もある意味で戦争に翻弄された家族である。長堂英吉の小説には、戦争後の占領軍という「他者」と出会った沖縄の家族の姿が描かれている。

長堂英吉の「我羅馬《がらま》テント村」（『新沖縄文学』一九七三年第二四号）には、占領軍との出会いがもたらした二つの家族の悲劇が描かれる。小説の舞台は敗戦から一年経った難民キャンプである。一つの家族は艦砲で母と弟を喪った父と息子の二人家族である。この父親は一年過ぎても捕虜になった自分たちが、いつか逆襲を仕掛ける日本軍に咎められるではないかという恐れを抱いていた。キャンプの者たちとも交わらず、住むテントもキャンプ地のはずれを選んだ。そんな小心者の彼だが、なぜか米兵にはなれなれしく振るまい、いつしか米軍に一方的な親しみを感じ、米軍キャンプに侵入してあっさり射殺されてしまう。父のいない時はテントの外に出てはいけないと言われていた息子は、父の帰りを待ち続けて餓死する。

もう一つの家族は夫が戦地からまだ戻っていない母親と子供たちだけの家族である。テントに侵入してきた米兵に輪姦された娘が子を産む。生まれたばかりの赤ん坊を娘の母親は殺そうとするが、八歳の息子の「弟がほしいんだ」「おっかあを殺すど。おらの弟を殺すとおっかあを殺すど」という激しい言葉に触発され、赤ん坊を育てる決意をする。

この二つの家族の体験は沖縄の家族だけの特殊な体験ではなく敗戦国の家族によく起こった悲劇といえるだろう。前者の父・息子家族は戦争中ばかりでなく、戦後も一家全滅があった状況を伝える。後者の娘のレイプは敗戦国の女たちには日常茶飯事であった。ここでひとつ救いがあるとするなら「他者」との間の新しい生命の誕生である。生まれた赤ん坊は娘の子でもあるのだが、レイプした敵兵の子でもある。人参色の髪と鳶色の眼という印は「一家の恥」を白日のもとにさらす。娘の母親が赤ん坊を家族の中に闖入してきた「他者」として排除しようとする意識は、当時にあっては当然のことだっただろう。

しかし現実の歴史を振り返ると、米兵の占領が始まった一九四五年から一年後の四六年にはすでに多くの「混血児」が生まれている。朝鮮戦争やベトナム戦争を経ても占領下に置かれていた沖縄では、さらに多くの〝混血児／あいの子／国際児／ハーフ／アメラジアン〟と呼ばれた子供たちが誕生した。結果的に沖縄の女性たちは「沖縄人」「日本人」「アメリカ人」といった人種にこだわらず、「わたし（女）の子」として子供を生んでいったといえよう。

「混血児」として生まれた子供たちの成長後を描いた小説に、大城立裕「迷路」（『文学界』一九九一年六月号）や又吉栄喜『波の上のマリア』（角川書店・一九九八年）、池上永一『レキオス』（文芸春秋・二〇〇〇年）などがある。ここで生まれた子供たちは実の母親や他の家族から疎外されたりもするが、多くは母や祖母の二人暮しで育っている。しかもここに登場する子供たちはすべて女の子である。優しさや霊的能力にも秀でている彼女たちには、男系中心の沖縄血縁集団のなかに女系家族が生まれる可能性も示唆されている。さらに彼女たちには同族にこだわらない自在さも付与されている。

「異文化」との出会いによって生まれた子供たちを育てた女性たちは、沖縄共同体のなかでは嫌悪され排除されるべき存在とも見なされていた。そのような状況を跳ね除けて子供を育てていった女たちの優しさと激しさ、そして生活力が戦後の一つの沖縄女性のイメージを形づくっていったと思われる。大城立裕「ニライカナイの街」（『文芸春秋』一九六九年一〇月号）、東峰夫「オキナワの少年」（『文学界』一九七一年一二月号）、新崎恭太郎「蘇鉄の村」（『新沖縄文学』一九七七年第三四号）など、沖縄の小説には戦争で男手を失った母や姉たちが他の家族を生き延びさせるために米兵の「ハニー」や「パンパン」となる女性が多く描かれている。彼女たちは共同体の蔑みの対象でもあるが、身体を資本に自力で稼ぐ女の強さを表わしていると見なされることもある。彼女たちを社会システムの変容による「家族の犠牲者」と見る見方もあるが、社会状況の変化が旧来の価値観を変容させ、共同体の倫理に拘泥しない女性たちを登場させたともいえる。それは一方で伝統的家族の崩壊を暗示するものでもあった。家族解体を促進させた代表的な女性像を長堂英吉の「洗骨」（『新沖縄文学』一九七五年第二九号）に登場する母の姿にみてみることにする。

「洗骨」は、米軍の物資集積所に盗みに入って射殺された父の八年後（一九五〇年代中頃）の「洗骨の日」の出来事と、その八年間の一家の変貌を息子「おれ」の視点から語った小説である。父の死後、姑、息子、娘の生活はすべて母の肩に担わされることになる。貧しい家のパターンにもれず母もフィリピン軍のキャンプで働くようになり、次第に男関係も増えていく。母が妊娠して生まれた子は、「我羅馬テント村」とは異なり、「おれ」も殺そうとして殺せず姑が処理する。そんな環境の中で中学生になった妹が自殺する。その事件を境に「おれ」と母の関係は決裂するが、現在まで一緒に暮らし続けている。息子の「おれ」は、母の歴史を「淪落の日常」と捉えるが、その母の稼ぎで二十代後半になった今も生活しているのである。

さて、洗骨の日の墓地に集ったのは「おれ」と四五歳の母、祖母ナビに、ユタである祖母の妹マカト、母と結婚する予定の黒人男性アレンである。ふつう洗骨は七年後に行うものだが、母も「おれ」も気が進まず延ばしていた。しかし、母が「自分の子供のような黒人の男と正式に結婚して渡米する」予定になったため、急遽とり行うことになったのである。ここで儀式は既に形だけのものになっている。さらに父の息子の「おれ」は、父の洗骨にアレンを伴う母の無神経さにいらだち、一人息子をアレンの「仲間たちに殺された」祖母の気持ちも考えろ、と迫る。だが母は「お父さんが死んだのにはお父さんの方にも落度があったでしょ。お姑さんだってそのあたりのことはよくわかっていらっしゃると思うわ。あんたの感傷とのおつきあいなんかもうまっぴらだわ」と、まったく意に介さない。祖母もアレンが居ることに無頓着である。

「おれ」は父の死後、身体を売ることで家族の生活を支えてきた母に反発するが、生活力も将来の見通しもない。戦争に負けた男たちには何ら決定権がない。敗戦後、彼らの位置に身を置いたのは「異国」の男たちであった。つまり戦後の沖縄では「異国」の男たちと母たち（女たち）の間で新たな関係が生じていた。敗戦国の女である母が、洗骨という儀式に戦勝国の男を従えているのである。男の「おれ」の視点は、そんな母の行動を「淪落の日常」と捉え、母の行動を容認した祖母の歴史は「まぐれの歴史」とみなす。「まぐれ」とは「不義理や恥といったものにほほかむりしてしまうこと、恥や外聞、義理あるいは恩誼といった社会の約束事に対して気がつかぬふりを装うこと」と説明されている。「おれ」は祖母を次のように捉える。

まぐれた人間の強靭さ。したたかさ。恥も外聞もなくただもう生きることのみに没入、専念出来る強靭な根と繁殖力をもった植物のような島の女のたくましさ。どんな運命にも抵抗せず、どんな運命をもどんどん受けいれると見せていつのまにかそれを自分の生きる手段に転じてしまう。

女性たちがなぜ男から非難されるような生活を送らざるを得ないのか。「おれ」にはその反省点がない。従来の壊れてしまった家族イメージを嘆くだけである。生きていくための選択が結果として娘を死に追いやることにもなったが、母や祖母たちは世間体を気にせず生きることを優先したといえる。

ところで、死者を祖霊としてきちんとあの世に送る洗骨の儀式は、女たちの手によって行われるものである。男は手をだすことができないが、アレンは女たちを助けるつもりで骨を洗ってしまう。これは重大なタブーである。このエピソードは伝統的な儀式の一つの終焉を象徴し、さらに女にとっては「家族」役割からの解放を意味するだろう。墓に収納された骨を通して先祖との永遠のつながりを感じる男の「おれ」は、一方で「何処ともしれないアメリカのわびしい墓地に、ひとり、ほんとうにたった一人で身を横たえる」母を幻視するが、それはある意味で家族から自由になった母の姿でもあろう。

3 〝ヤマト嫁〟が告発する沖縄家族

一九八〇年代以降、沖縄の全国第一の離婚率の高さを反映するかのように離婚して「ひとりである」ことを選ぶ女性が、女性作家の小説に多く登場するようになる。田場美津子「仮眠室」（『海燕』一九八五年一一月号）や仲若直子「犬盗人」（『文学界』一九九〇年四月号）、河合民子「八月のコスモス」（『琉球新報』二〇〇二年）など、これらの小説には男との間に子供が生まれても結婚をせず、また夫や子供がいても離婚する女性が描かれている。彼女たちが結婚しなかったり離婚したりするのは、妻妾同居の観念や夫の浮気を肯定している風土への反発もあるようだ。一般的に沖縄は家族や親戚関係の絆が強いといわれているが、その「絆」の内実がようやく問われ始めているといえようか。沖縄の親族関係を相対化するもう一つの視点が、沖縄を拠点にして作品を発表している他府県出身の作家の眼である。

長野県出身である白石弥生の「若夏の来訪者」（『新沖縄文学』一九八六年第七〇号）には、信州から嫁いだ女性が登場する。璎子は現在中学一年と二年になる二人の息子を連れて、二年前に離婚した。離婚の理由は母親の稼ぎを当てにして働かない夫に愛想をつかしたことと、地縁血縁の関係を重視し強要する姑ハツの存在であった。さらに戦争で夫を失い、一人で息子を育ててきたハツは男に頼らずにやってきたという自負があり、息子が働かなくても嫁が頑張ればよいという意識の持ち主でもある。

長堂英吉の「洗骨」でもそうだが、働かない父や夫もまた沖縄の小説にはよく登場する。沖縄には「イキガチュインヤシナレーングゥトシイナグヤアラン（男ひとり養えないようでは女とはいえない）」という文言があるが、その逆はなく、また家族を養えない男が非難されることも少ない。財産は男が受け継ぎ、生活の面倒は女がみる、こういった慣習は根強い。すでに述べたように財産相続の男性優位など日常生活レベルでは民法よりも慣習が優先されることも多い。

離婚後も、ハツは盆や正月や清明祭が来ると「家へ来て台所手伝え」と言い、孫にかけた電話にかこつけて「家族はいっしょに住むのが当たり前」と言い続ける。離婚しても「家族」と言い続ける姑。璎子が離婚した理由の一つは沖縄の地縁血縁のつながりの強さを「異常」に感じたからでもあった。比嘉道子は沖縄の家族には「状況に応じて同居親族に限らず、別居の親族や結婚した子どもやその家族、おじおばが含まれたり、果ては他人であるが『家族同然の友人・知人・隣人』が含まれたりする」(『アンペイド・ワークとは何か』藤原書店・二〇〇〇年)と指摘しているが、離婚して去っていった嫁もこの小説では家族と見なされている。

沖縄的家族関係に馴染めない「ヤマト嫁」と姑のやり取りがユーモアをもって描かれた小説が、同じく白石弥生の「生年祝《トシビー》」(『九州芸術祭文学賞作品集』一九八七年)である。「生年祝」も「若夏の来訪者」と同様の設定からなる。ちなみにトシビーとは、数え年で十三歳、二五歳、三七歳、四九歳、六一歳、七三歳、八五歳の人たちを、旧正月後の生年の十二支にあたる日に祝う行事である。

周子は現在高校二年と中学三年になる息子を連れて三年前に離婚した。この小説でも働かない夫に小遣いを与え甘やかす姑トヨの存在が、離婚の大きな理由である。姑の行為に対する嫁の怒りがまったく姑に伝わらなかったのである。離婚後、盆や正月に孫たちは祖母の家に出かけていたが、周子は一度も訪れたことがなかった。そんな周子に対して元姑は、次のように言う。

「周子さん、アンタあんまりひどいよ。正月も盆もぜんぜん来ないから人情がないよ」

「だって行く立場じゃないのに」

「そんなことないんじゃないの、アンタが来ないだけサー」

沖縄には「イチャリバチョーデー（出会えば兄弟である）」という言葉があって、他者を受け入れる親和的精神としてよく語られるが、嫁には時としてその観念が強い束縛となることもある。まして進んでその家を出た離婚した人間からすれば、いつまでも「家族」のように扱われることは鬱陶しいことである。そんな元嫁の気持ちをいっさい忖度することなく、自分のトシビーに出席するのは当然だと考える元姑との次の電話のやり取りは、オキナワ姑とヤマト嫁の家族観の意識のズレを表現して秀逸である。

生年祝のひと月ほど前にもトヨから電話があった。

「アンタの名前も書こうネー」

といきなり言う。

「なんの話？」

「正月にネ、わたしの七十三のトシビーがあるわけさぁネ。招待状に名前書くんだけど、信夫の名前だけじゃあ変さネ！」

「冗談でしょう。あたしはもう川嶺の人じゃないのに」

「親戚の人たちはアンタたちが離婚したこと知らないはずよ」

「まさか、三年以上もたつのに。おかあさんの前では知らないふりしているだけよ」

「そうかね。だけどアンタもこんどだけは子どもたちといっしょに来てほしいさネ」

結局、招待状に名前を入れないことで出席を承諾させられる。こんな強引な元姑から逃れるには再婚しかないのだろうかと考えていると、「沖縄の習慣はネ、長男を産んだらよそに嫁に行けるもんじゃないよ。いくら出て行っても、元の家の墓に入るんだからネ」と言われる始末である。長男を産んだ女性を家に縛り付ける、あるいは前述した大城立裕「厨子甕」の悦子のように長男のいない嫁を結果的に排除する、そのようなある意味で「嫁」を抑圧する形で成立しているのが沖縄の家族構造だと、これらの小説は告発する。

おわりに

一九八〇年代以降の小説世界においては、沖縄の伝統的な家族関係の問題は女性たちの〝離婚〟という反乱によってその形を変えつつあることが認められる。それは「ヤマト嫁」ばかりでなく、「オキナワ嫁」にも見られる傾向である。白石弥生の「若夏の来訪者」には、昼はピアノを教え、夜は自らスナックを経営してピアノの弾き語りをしながら生活する、子供が生まれずに離婚した沖縄女性が描かれている。福岡出身である香葉村あすかの「見舞い」（『琉球新報』一九八八年一月四日）には、沖縄親族たちの不合理な行動に振り回されるヤマト嫁が描かれるが、彼女はその不合理性のなかに社会的脱落者を裁断しない精神を感受して、その不合理性を受け入れていこうとする。沖縄家族と同化しようとする女性も登場するが、二〇〇〇年代には「ひとり家族」を選ぶしたたかで逞しい女性たちが、多くの女性の書き手によって描かれていく。筆者の周りにも、離婚して子供を育てる女性、一人で暮らす女性は多い。彼女たちは「血」の幻想にとらわれることなく〝家族であっても他者〟という観点から、「家族」について考えようとする。新しい〝家族〟の未来像はまだ見えていないが、沖縄でも血縁関係、親族関係が確実に変化していることがうかがえる。

現在の沖縄家族の大きな問題は、不労所得による「精神の荒廃」である。沖縄という場を〝陵辱〟される島として描いた目取真俊『虹の鳥』（影書房・二〇〇六年）には、莫大な軍用地（基地）使用料を得て暮らす金に困らない家族が登場する。得た金で自分たちのやりたいことをするのにかまけ、子供たちの生活には無関心な親。働くことも学ぶこともしない子供を容認し、金を与える親。基地収入という不労所得によって精神が蝕まれている家族は、小説世界だけの出来事ではない。沖縄ではよく聞く話である。

『虹の鳥』では、沖縄人同士による凄惨な子供へのいじめや暴力、少女へのレイプを描き、そのような人間関係へと帰着させられた背景を鋭く問う。軍事基地がもたらしてきた理不尽な力と金が、親の判断力を狂わせ子供たちの世界をも侵蝕する。それが現在の最も重要な家族の問題であるが、そのことに関しては稿を改めて論じたい。

参考文献

「特集　沖縄の混血児たち」一九八〇年『青い海』93号
「特集　ユタと迷信と祖霊信仰」一九八〇年『青い海』97号
「特集「墓」祖先との語らい」一九八二年『青い海』117号
比嘉政夫『女性優位と男系原理』凱風社・一九八七年
植松明石「死者・先祖―沖縄、台湾（漢人社会）の事例から」法政大学沖縄文化研究所編『沖縄文化研究14』一九八八年
『沖縄文学全集　第7巻　小説Ⅱ』国書刊行会・一九九〇年
『沖縄文学全集　第9巻　小説Ⅳ』国書刊行会・一九九〇年
堀場清子『イナグヤナナバチ』ドメス出版・一九九〇年
大城立裕『後生からの声』文芸春秋・一九九二年
渡邊欣雄『世界のなかの沖縄文化』沖縄タイムス社・一九九三年
『沖縄短編小説集―「琉球新報短編小説賞」受賞作品―』琉球新報社・一九九三年
岡本恵徳『現代文学にみる沖縄の自画像』高文研・一九九六年
『沖縄文学の情景』ニライ社・二〇〇〇年
与那覇恵子「復帰後」『岩波講座　日本文学史　第15巻　琉球文学、沖縄の文学』岩波書店・一九九六年
「沖縄文学の表象―その女性像を通してみる〈戦後沖縄〉―」沖縄文学研究会研究報告書
『現代沖縄文学の制度的重層性と本土関係の中での沖縄性に関する研究―沖縄文学をとりま

くメディア、基層文化、女性—』二〇〇六年
高里鈴代『沖縄の女たち　女性の人権と基地・軍隊』明石書房・一九九六年
玉城隆雄「伝統と変革の間で揺れる沖縄県の家族」『日本の家族と地域性　下』ミネルヴァ書房・一九九七年
吉江真理子『ヤマト嫁—沖縄に恋した女たち』毎日新聞社・一九九九年
比嘉道子「沖縄におけるアンペイド・ワークの歴史」『アンペイド・ワークとは何か』藤原書店・二〇〇〇年
水野宏美「チャンプルー的パーソナリティの形成：白石弥生の文学におけるヤマト嫁」『明治学院大学社会学部付属研究所年報32号』二〇〇二年
「ポスト近代家族としての『ちゅらさん』」沖縄文学研究会研究報告書『現代沖縄文学の制度的重層性と本土関係の中での沖縄性に関する研究—沖縄文学をとりまくメディア、基層文化、女性—』二〇〇六年
S・マーフィ重松『アメラジアンの子どもたち』集英社新書・二〇〇二年
黒古一夫編『大城立裕文学アルバム』勉誠出版・二〇〇四年

執筆者紹介

川崎末美（かわさき すえみ）
東洋英和女学院大学人間科学部人間科学科教授。共著に『少子化をのりこえたデンマーク』（朝日新聞社２００１年）、『現代社会と生活』（建帛社１９９７年）など。論文「日本の晩婚化・非婚化要因―デンマーク社会との比較を通して―」（東洋英和女学院大学紀要『人文・社会科学論集　第17号』２００１年）、「食事の質と共食頻度、および食卓の雰囲気が中学生の心の健康に及ぼす影響」（『日本家政学会誌Vol.52 No.10』２００１年）、「高齢者の自殺原因に関する社会・文化的考察―沖縄と岩手の調査を通して―」（『家族研究年報No.21』１９９６年）など。

高野　陽（たかの あきら）
東洋英和女学院大学人間科学部福祉学科教授。恩賜財団母子愛育会日本子ども家庭総合研究所母子保険研究部部長。著書に『母子保健マニュアル』（南山堂）、『乳幼児保険活動マニュアル』（文光堂）、『子どもの栄養と食生活』（医歯薬出版）、『乳幼児健診と保険指導』（医歯薬出版）、『体調のよくない子どもの保育』（北大路書房）、『保育保険活動の実際』（全国社会福祉協議会）など。

野口晴子（のぐち はるこ）
国立社会保障・人口問題研究所・社会保障基礎理論研究部・第二室長。共著に『介護・保育サービス市場の経済分析―ミクロデータによる実体解明と政策提言』（東洋経済新報社、２００４年）、共著論文に、"The Quality of Health Care: A the United States-Japan Comparison of Treatment and Outcomes for Heart Attack Patients," D.Wise and N. Yashiro eds Health Care Issues in the United States and Japan （Univ.of Michigan Press, 2006年）、"Non-Profit Status, Earnings Premium and Quality of Care Evidence from Micro-Level Data on Home Helpers and Staff Nurses in Japanese Nursing Home Industry," （Journal of the Japanese and International Economies, 21 （1）：106-120' 2007年）、"Associations of Renal Insufficiency with Treatment and Outcomes after Myocardial Infarction in the Elderly," （Annals of Internal Medicine, 137：555-562' 2002年）、"Technological Change in Heart Disease Treatment: Does High Tech Mean Low Value?" （The American Economic Review, 88 （2）：：90-96' 1998年）など。

林　文（はやし ふみ）
東洋英和女学院大学人間科学部人間科学科教授。共著『統計学の基本』（朝倉書店１９９１）、『国民性七か国比較』（出光書店１９９８）、『少子化をのりこえたデンマーク』（湯沢雍彦編著、朝日新聞社２００１）、『調査の実際』（朝倉書店２００２）、『社会調査ハンドブック』（林知己夫編、朝倉書店２００２）など。論文「宗教と素朴な宗教的感情」（『行動計量学』第3巻第1号、２００６）など。

三橋 利光（みつはし としみつ）
東洋英和女学院大学国際社会学部教授・同大学院国際協力研究科長。著書に、『メキシコ革命におけるナショナリズム―シンボル・役割・形式的利益に見るその発現―』（上智大学イベロアメリカ研究所　１９７３年）。『コント思想と「ベル・エポック」のブラジル―実証主義教会の活動―』（勁草書房　１９９６年）。『国際社会学の挑戦―個人と地球社会をつなぐために―』（春風社 ２００８年）。論文に、"Las identidades mexicana y japonesa a fines del siglo XX- primera aproximación"（20世紀末におけるメキシコと日本のアイデンティティ）（上智大学イベロアメリカ研究所『イベロアメリカ研究』vol.XVIII, No.1, 1996年8月、pp.69-74)、「『スペイン・システム』の形成・拡大と『世界システム』―スペイン絶対王政による新植民地ラテンアメリカ―」（石川 卓編『連鎖する世界』森話社２００５年　69―97頁）など。

湯沢雍彦（ゆざわ やすひこ）
お茶の水女子大学名誉教授、東洋英和女学院大学元教授。編著書『日本婦人問題資料集成　第五巻　家族制度』（ドメス出版、１９７６年）、『少子化をのりこえたデンマーク』（朝日新聞社、２００１年）、『里親制度の国際比較』（ミネルヴァ書房、２００４年）、『明治の結婚明治の離婚』（角川学芸出版、２００５年）、『百年前の家庭生活』（クレス出版、２００６年）など。

与那覇恵子（よなは けいこ）
東洋英和女学院大学国際社会学部国際社会学科教授。共著に『メディアがつくるジェンダー―日独の男女・家族像を読みとく』（新曜社１９９８年）、『愛・性・家族』（東京堂出版２００６年）など。論文「女性文学の新たなうねり」（岩波書店『文学』２００８年３、４月号）など。監修・解説「四大婦人雑誌目次集成」『婦人公論』全9巻『主婦之友』全7巻『婦人画報』全10巻『婦人倶楽部』全9巻（ゆまに書房２００２年～06年）、『三枝和子選集』全6巻（鼎書房２００７年～08年）など。

多角的にみた家族―社会・文化・福祉

発行日　二〇〇八年五月三十日

編　者　与那覇恵子・林　文

発行者　加曽利達孝

発行所　鼎書房

〒132-0031　東京都江戸川区松島二-十七-二

http://www.kanae-shobo.com

装　幀　岡本デザイン室

編集・制作　風日舎

印刷所　星野精版印刷株式会社

落丁・乱丁本は小社宛にお送りください。送料は小社負担でお取り替えいたします。

ISBN978-4-907846-57-2